AF742744

www.ingramcontent.com/pod-product-compliance
Lightning Source LLC
LaVergne TN
LVHW051121051026
849532LV00004BB/1629
9789358722499

چٹان اور پانی

(مضامین)

فضیل جعفری

Chattaan aur Paani *(Essays)*

by: Fuzail Jafri

Edition: May '2024

Publisher :

Taemeer Publications LLC (Michigan, USA / Hyderabad, India)

ISBN 978-93-5872-249-9

9 789358 722499

کتاب	:	**چٹان اور پانی** (مضامین)
مصنف	:	**فضیل جعفری**
صنف	:	غیر افسانوی نثر
ناشر	:	تعمیر پبلی کیشنز (حیدرآباد، انڈیا)
سالِ اشاعت	:	۲۰۲۴ء
صفحات	:	۱۰۲
سرورق ڈیزائن	:	تعمیر ویب ڈیزائن

ترتیب

اپنے والدین کے نام

ترقی پسند تحریک اور شاعری

کسی بھی زبان اور اسکے ادب کے ارتقار کا بہت کچھ انحصار نئی نئی ادبی تحریکوں اور نئے ادبی رجحانات پر ہوتا ہے۔ ہر نئی ادبی تحریک متعلقہ زبان کے ادب کو نئے زاویوں سے روشناس کراتی ہے اور اس میں موجود امکانات کو کھنگالتی ہے۔

بیسویں صدی، چونکہ سائنسی ترقی اور نتیجتاً زندگی کے ہر شعبے میں تیز رفتار تبدیلیوں کی صدی ہے اسلئے عالمی ادب بھی اس صدی میں نت نئی تبدیلیوں اور نئی نئی ادبی تحریکوں سے دوچار ہولہے۔ مگر چونکہ ادب زندگی کا ایک ایسا حساس شعبہ ہے جو بہت دنوں تک ایک ہی طرح کے خیالات اور ایک ہی طرح کے رجحانات کا متحمل نہیں ہوسکتا، اسلئے عام طور پر ادبی تحریکوں کی عمریں مختصر ہی ہوا کرتی ہیں۔ ہم دیکھتے ہیں کہ پچھلے ستر بہتر برسوں میں مغربی ادبیات میں کئی ادبی تحریکوں نے جنم لیا۔ وہ بڑھیں اور پھلیں پھولیں ان سے وابستہ ادبا اور شعرا نے اپنے اپنے طور پر زبان وادب کی خدمت کی، اور ایک خاص مدت کے بعد یا تو وہ تحریکیں اپنی طبعی موت مرگئیں، یا پھر دوسری زیادہ طاقتور تحریکوں کے ہاتھ شہید ہوگئیں واضح رہے کہ ان تحریکوں کے بانیوں اور حامیوں نے متعلقہ تحریک کی موت کے بعد مجاوری کرنے اور اعراس منعقد کرنے کا کام نہیں کیا بلکہ آزادانہ طور پر

اور کھلے ذہنوں کے ساتھ تخلیقی کاموں میں لگے رہے۔

دیگر ہندوستانی زبانوں کی طرح اردو میں بھی، پچھلے پچاس برسوں میں نئی ادبی تحریکوں کی تعداد تقریباً نہ ہونے کے برابر رہی ہے۔ ان تمام تحریکوں میں یقیناً سب سے زیادہ نمایاں، سب سے زیادہ طاقتور اور سب سے زیادہ مؤثر تحریک، ترقی پسند تحریک تھی، جس کے سیلاب میں اچھے اچھے لوگ تنکے کی طرح بہہ گئے، لیکن یہ بھی سچ ہے کہ شروع سے ہی اس کے سلسلے میں بڑا کنفیوژن رہا ہے۔ ترقی پسند تحریک کے آغاز سے متعلق اس تحریک کے ایک اہم نمائندے رام بلاس شرما کا خیال ہے کہ "بیسویں صدی کی تیسری دہائی میں ہندوستانی ادیبوں کے قوم پرست خیالات میں تبدیلی پیدا ہوئی، سول نافرمانی اور کانگرس کی طرف سے آزادی حاصل کرنے کی کوششوں میں ناکامی کے سبب ہندوستانی عوام کی سیاسی اور ثقافتی زندگی میں نمایاں انقلاب رونما ہوا۔ بائیں بازو کی جماعتوں کے قیام کے ساتھ ساتھ کسانوں اور مزدوروں کی تنظیمیں بنائی گئیں تاکہ یہ اپنے مطالبات کو تسلیم اور ملک کو آزاد کرانے کے لئے لڑیں۔ ان حالات میں عظیم ادیب پریم چند کے تعاون سے کل ہند انجمن ترقی پسند مصنفین کا قیام عمل میں آیا[1]!"

رام بلاس شرما جو شروع سے ہی غالی قسم کے ترقی پسند رہے ہیں، دراصل یہ ثابت کرنا چاہتے ہیں کہ ترقی پسند تحریک پوری طرح ہندوستانی فضا اور ماحول کی پیداوار ہے۔ اس سلسلے کی بحث کو تھوڑی دیر کے لئے ملتوی کرتے ہوئے یہ کہتا چلوں کہ دیگر زبانوں کی طرح اردو کے لئے بھی، ترقی پسندی بالکل نئی چیز تھی۔ اس تحریک کے زیر اثر تخلیق کردہ ادب نے یقیناً دیرگ شعوار اور ادبار کی قائم کردہ روایات کے مشو زدائد پر کاری ضرب لگائی تھی، چنانچہ اس تحریک کا استقبال کم و بیش اسی انداز میں کیا گیا، جس انداز میں ترقی پسندوں نے نئی شاعری کا استقبال کیا۔ ترقی پسندوں کی شدید مخالفت کرنے والوں میں نمایاں حضرات جعفر علی خاں اثر، رشید احمد صدیقی سیماب اکبرآبادی، خواجہ محمد شفیع، حامد حسن قادری، اور اختر تلہری وغیرہ تھے۔ ان حضرات نے ترقی

1. Indian Literature : Vol I 1952

پسندوں پر نہ صرف ادب برائے زندگی کے پردے میں نوجوان لڑکیوں کے اخلاق و اطوار کو خراب کرنے کا الزام لگایا، اور انھیں، ترقی پسند شاعری میں "دانت پیسنے، چیخنے، بوٹیاں نوچنے، خون بہانے اور ڈکارنے" کے سوا کچھ نظر نہیں آیا۔ ظاہر ہے کہ ان غیر منطقی اور مضحکہ خیز اعتراضات کو یکسر نظر انداز کر دیا جانا چاہئے تھا مگر ایسا نہیں ہوا۔ دو وجہوں سے۔ پہلی اور زیادہ اہم وجہ تو یہ تھی کہ ایک عرصہ تک خود ترقی پسندوں نے ترقی پسندی کا صحیح مفہوم نہیں سمجھا تھا اور دوسری وجہ یہ تھی کہ اسوقت ہندوستان میں اشتراکیت اور دہریت ہم معنی الفاظ سمجھے جاتے تھے اور ترقی پسندوں کی اکثریت بہت زیادہ مذہبی نہ ہونے کے باوجود، اپنی بعض ضرورتوں کے تحت لامذہبیت کا تاج پہننا نہیں چاہتی تھی۔ چنانچہ بزرگوں کا منہ بند کرنے کی غرض سے یہ ثابت کرنے کی کوشش کی گئی کہ ترقی پسندی کوئی نئی چیز نہیں بلکہ ترقی پسندوں نے تو اسے صرف باقاعدگی عطا کی ہے۔ "مثلاً یوں تو اردو ادب میں ترقی پسند عناصر غدر کے بعد سے نمایاں ہیں، اور غدر کے پہلے کے ادب میں بھی جابجا ان کی جھلک ملتی ہے۔ یعنی ترقی پسندی آجکل کے ادیبوں کی جاگیر نہیں ہے مگر حالی کے زمانے سے یہ رجحان ادب میں اتنا گہرا ہو گیا کہ اس نے ساری فضا کو متاثر کیا۔ حالی کے بعد پریم چند، اقبال اور جوش نے اس روائت کو آگے بڑھایا اور اس میں بعض مستقل اضافے کئے، مگر یہ تحریک باقاعدہ طور پر ۱۹۳۵ء سے شروع ہوئی جب ترقی پسند مصنفین کا ایک اعلان شائع ہوا اور ملک کے بعض معتبر ادیبوں نے اس کی حمائت کی۔" [5] اسی طرح جب اختر تلہری نے ترقی پسند ادب پر اشتراکی ادب ہونے کا الزام لگایا تو احتشام صاحب نے یوں جواب دیا:

"اگر میں نے کسی جگہ کہا یا لکھا ہو کہ اشتراکی اور ترقی پسند ادب دونوں ایک ہی چیز ہیں تو یہ سوال پیدا کیا جا سکتا ہے کہ کیا اشتراکی ادب کے علاوہ کوئی اور ادب ترقی پسند نہیں ہو سکتا۔" کافی دنوں بعد یعنی جب ترقی پسند تحریک کا عالمی پس منظر دھیرے دھیرے

---

[5] آل احمد سرور : ترقی پسند تحریک پر ایک نظر

واضح ہونے لگا تو احتشام صاحب نے اس تحریک کے سلسلے میں حقیقت پر مبنی اعتراف یوں کیا: "ہندوستانی ترقی پسند تحریک دنیا میں ترقی پسندی کی تحریک، اشتراکیت کے اصولوں کے پرچار، فاشزم کے خلاف تمدنی اور ادبی محاذ قائم کرنے کی عام تحریک کا ایک حصہ ہے۔"

ہوا یہ کہ ۱۹۱۷ء کے انقلاب نے ساری دنیا کے لوگوں کو متاثر کیا تھا۔ ابھی علم وادب کے تعلق سے اسٹالن کے جارحانہ رویے کا پردہ فاش نہیں ہوا تھا۔ سارے یورپ میں سرمایہ دارانہ نظام اور فاشزم کے خلاف بغاوت کی ایک عام لہر دوڑ رہی تھی۔ یہ وہ زمانہ تھا کہ وہ سارے لوگ بھی جو مارکسزم سے براہ راست تعلق نہ رکھتے تھے اور نہ ہی کمیونسٹ پارٹی سے وابستہ تھے اور مارکسزم ہی کو ساری دنیا کی نجات کا واحد راستہ سمجھتے تھے۔ ان حالات میں جون ۱۹۳۵ء میں Comintern یعنی تھرڈ کمیونسٹ انٹرنیشنل کے سرمائے سے پیرس میں Congress for the Defense of Culture منعقد ہوئی۔ فاشزم کے انتہائی عروج کے زمانے میں اشتراکی ادیبوں کی یہ سب سے بڑی کانفرنس تھی۔ اس کانفرنس میں ویلڈو فرینک، ای۔ ایم۔ فارسٹر۔ آندرے مارلو، برتول بریخت، لوئی آراگان، آلڈس ہکسلے، اور بہت سے دوسرے روسی اور غیر روسی ادیب و شاعر شریک ہوئے۔ آندرے بریتن کو کانفرنس کی کارروائیوں میں حصہ لینے کی اجازت نہیں دی گئی کیونکہ اس نے کانفرنس کے پہلے اجلاس کے شروع ہونے سے کچھ ہی دیر قبل ایلیا اہرن برگ کو طمانچہ مار دیا تھا۔ رینے کریول نے عین موقع پر اس لئے خودکشی کر لی کہ وہ اپنے سررئیلسٹ دوستوں اور کمیونسٹوں میں مکمل سمجھوتہ کرانے میں ناکام رہا تھا۔ اسی کانفرنس میں (جہاں سجاد ظہیر بھی موجود تھے) منجملہ دیگر باتوں کے یہ بھی طے کیا گیا، کہ دنیا کے مختلف ممالک میں ترقی پسند یعنی اشتراکی ادیبوں کی انجمنیں قائم کی جائیں۔ ہندوستانی انجمن ترقی پسند مصنفین اسی کانفرنس کا براہ راست نتیجہ تھی۔[۳]

3- Jurgen Rhule: Literature and Revolution, P. 365.

اس کانفرنس کے علاوہ سجاد ظہیر پر، لندن کے دوران قیام میں یقیناً ان دانشوروں اور ادیبوں کا اثر پڑا ہوگا، جن کی بہت بڑی اکثریت، ان دنوں، فاشزم کے خلاف اور اشتراکیت کی بقا کے لئے سخت جدوجہد کر رہی تھی۔ ان ادیبوں کے جذبات واحساسات کا اندازہ اس ایک جملے سے لگایا جا سکتا ہے۔ "ایک ادیب جو اپنی صلاحیتوں کے مطابق بہترین ادب تخلیق کرنا چاہتا ہے اُسے سب سے پہلے سوشلسٹ ہونا چاہیئے، اور اسے اپنی عملی زندگی نیز طبقاتی کشمکش میں ترقی پسند طبقے کا ساتھ دینا چاہیئے۔"[4] اس قسم کے خیالات کا اثر قبول کرنے اور پیرس کانفرنس میں شرکت کرنے کے بعد جب سجاد ظہیر ہندوستان لوٹے تو انھیں ملک میں اور خصوصاً اردو والوں میں نوجوانوں، باصلاحیت اور پرجوش ادیبوں اور شاعروں کا ایک ایسا گروہ مل گیا جو ایک طرف تو اردو کی زوال پذیر روایات سے بدظن تھا تو دوسری طرف ہندوستان میں عام بھوک، بیماری اور استحصال کے سبب، اسکے دل و دماغ میں انگریزوں کے خلاف نفرت کی آگ بھڑک رہی تھی۔ اس طرح ان کے دلوں کی زمین اشتراکیت اور ترقی پسندی، دونوں کو قبول کرنے کے لئے پوری طرح ہموار تھی، لیکن ظاہر ہے کہ اشتراکیت نام ہے ایک منظم فلسفے اور ایک مخصوص نظام حیات کا، اور اس سلسلے میں محض جوش و خروش سے کام نہیں چل سکتا۔ کاڈویل جیسے شخص کو اشتراکی بننے کے لئے مارکسی نظام فکر کا وسیع وعمیق مطالعہ کرنا پڑا تھا۔ ہمارے ترقی پسندوں کو نہ اسکی ضرورت تھی نہ لگن۔ سجاد ظہیر اور ان کے ساتھیوں نے شروع سے مارکسی نظریات کی گہرائیوں کی بہ نسبت تحریک کے پھیلاؤ پر زیادہ زور دیا۔ چنانچہ اس سلسلے میں سب سے پہلا قدم جو اٹھایا گیا، وہ اس وقت کے باثر اور باحیثیت ادیبوں اور شاعروں کو اپنے حلقۂ اثر میں لینے کا تھا۔ مولوی عبدالحق، جوش ملیح آبادی، نیاز فتحپوری، ساغر نظامی اور کئی دوسرے لوگ نہ صرف یہ کہ بورژوا طبقے سے تعلق رکھتے تھے بلکہ جذباتی اور عملی طور پر بھی ترقی پسندی سے ان کو

4- Edward upward: The Mind in chain P. 52

کوئی سروکار نہ تھا۔ ادھر یہ حالت اور اُدھر بین الاقوامی سطح پر مارکسزم کو پوری طرح tamper کر دینے کی کوشش۔ لینن کے انتقال کے بعد روس میں اور اس کے توسط سے ساری دنیا میں اشتراکیت اور ترقی پسندی کے معنی بدل دئے گئے۔ اس صدی کے ایک نہائت ہی مستند مارکسی نقاد نے اس حقیقت کا اعتراف کرتے ہوئے لکھا ہے کہ لینن کے انتقال کے بعد" اسٹالن اور اسکے مقلدوں نے ادب سے اپنی سیاسی پالیسیوں کی حمائت کا مطالبہ کیا۔ اسٹالن کے دور اقتدار میں صرف سرکاری طور پر قابلِ قبول کردار، سچویشن، خیالات اور جذبات کو پیش کرنے کی اجازت تھی، اور صرف وہی ادبی مواد پیش کیا جا سکتا تھا جو سرکاری پالیسیوں سے مطابقت رکھتا ہو اور یہ کہ اس زمانے میں کسی بھی مسئلہ پر کھل کر بحث کرنا ممکن نہیں تھا۔"[5] یہ بات تو کسی سے چھپی نہیں کہ اسٹالن نے اپنے دورِ اقتدار میں نہ صرف یہ کہ اپنے حقیقی یا مفروضہ دشمنوں کا خاتمہ کیا بلکہ اپنا امیج بنانے پر بھی بہت زور صرف کیا۔ اس نے اپنے بارہ میں لکھی گئی کتابوں اور نظموں کو بار بار رد کیا اور دوبارہ سہ بارہ لکھوایا، تاوقتیکہ وہ اُن سے مطمئن نہیں ہو گیا۔ درحقیقت اسٹالن اپنے آپ کو نہ صرف روس بلکہ ساری دنیا کے عوام کا واحد نجات دہندہ ثابت کرنا چاہتا تھا۔ ہندوستانی کمیونسٹ پارٹی کے ذریعہ اسٹالن کا یہ امیج ہندوستان بھی پہنچا اور وہ بہت جلد ہمارے ترقی پسندوں (جو مارکسی فلسفہ سے واقف نہ تھے) کا عظیم ہیرو بن گیا، حالانکہ اس وقت تک روس میں مایاکوفسکی کی خودکشی اور ایسے ہی دوسرے واقعات نیز اسٹالن۔ ہٹلر مصالحت نے دنیا کے بڑے بڑے کمیونسٹوں کے دل دہلا دئے تھے لیکن ہمارے ترقی پسند بغیر کچھ سوچے سمجھے، اسٹالن کے قصیدے لکھتے رہے:

آج مرکز ہے تو امیدوں کا — خم ہے فرق جہاں ترے آگے
زلزلے مضمحل قدم میں ترے — دم بخود آندھیاں ترے آگے

5. George Lucacs : Writer and critic P: 7

ارتقا مطمئن ترے دم سے زندگی کامراں ترے آگے
آفریں کامریڈ استالین
آدمیت کا پاسبان ہے تو (کیفی اعظمی)

دشت و در گونج اٹھے کون ؟ مرا استالین
بحر و بر گونج اٹھے کون ؟ مرا استالن
چاک کرتی ہوئی دامن کو بہاریں نکلیں
ایک لمحے کے لئے رک سی گئی نبض حیات
زندگی چیخ اٹھی ، کون ؟ مرا استالن
مصر! یہ دھوم ہے کیا تیرے خریداروں میں
آگیا کون سا یوسف ترے بازاروں میں
خاک ایران ترے دل میں لگی ہے کس کی
ہند اے میرے وطن میرے ہمالہ کی زمیں
زلف بنگال میں یہ خم یہ ادا کس کی ہے
یہ دکن پر ترے گلنار گھٹا کس کی ہے
سُرخ ہے کس سے جبین تیرے ملنگانے کی
کس کی ممنون ہے سرخی ترے افسانے کی
وغیرہ وغیرہ (جاں نثار اختر)

صرف کیفی اعظمی اور جاں نثار اختر پر ہی منحصر نہیں اردو کے کسی ترقی پسند شاعر کا مجموعۂ کلام اٹھا لیجئے۔ لینن ، استالن، ماؤ، چین اور روس کے بارے میں ایسے ہی مبالغہ آمیز بیانات کے ڈھیر مل جائیں گے۔ اس قسم کی ہیرو پرستی کا فطری اور نفسیاتی نتیجہ یہ نکلا کہ دھیرے دھیرے خود ترقی پسند شاعر اور ادیب اپنا اور اپنے دوستوں کا امیج بنانے کے مرض میں گرفتار ہو گئے۔ ان حضرات نے ایک دوسرے کے بارہ

میں جو کتابچے لکھے، ایک دوسرے کی کتابوں پر جو مقدمے یا تبصرے لکھے یا ایک دوسرے کے نام جس انداز میں اپنی کتابوں کو معنون کیا، انھیں دیکھ کر ان حضرات کے اندر موجود "ہیرو کلٹ" جیسے سراسر غیر مارکسی رویہ کا اندازہ لگایا جا سکتا ہے۔ مثال کے طور پر سردار جعفری نے اپنی طویل نظم "ایشیا جاگ اٹھا" کا انتساب یوں کیا ہے "کرشن چندر کی حسین و جمیل کہانیوں کے نام! جو ایشیا کی جنگ آزادی کے خوبصورت ہتھیار ہیں۔" اور جواباً کرشن چندر نے اس نظم کو "ایشیا کی چار ہزار سالہ تاریخ و تہذیب کی تصویر" قرار دیا ہے حالانکہ جن لوگوں نے اس نظم کا سرسری مطالعہ بھی کیا ہے اُن پر یہ بات واضح ہوگی کہ ایشیا کی چار ہزار سالہ تاریخ و تہذیب تو درکنار، خود ہندوستان کی تاریخ و تہذیب سے اس نظم کا کوئی گہرا تعلق نہیں ہے۔ کئی مقامات پر تو ماضی قریب کے تاریخی واقعات کو بھی غلط پس منظر میں پیش کیا گیا ہے۔ مثلاً ہندوستان میں عوامی بغاوتوں کا ذکر کرتے ہوئے ایک جگہ سردار لکھتے ہیں:

کسان سیلاب بن کے اُبلے
پلٹ گئیں وقت کی ہوائیں
الٹ گئیں سلطنت کی چالیں
مغل شہنشاہیت کو مہراشٹر کے شیروں نے نوچ ڈالا،

اب جن لوگوں کو مغل مراٹھا تعلقات کا ذرا بھی علم ہے وہ جانتے ہیں کہ مغل شہنشاہیت کو "مہاراشٹر کے شیروں" نے نوچا نہیں بلکہ حتی الامکان بچانے کی کوشش کی یہاں میں اس حقیقت کی جانب اشارہ کرنا چاہتا ہوں کہ مختلف مسائل و واقعات کے تعلق سے شروع سے ہی ترقی پسندوں نے غیر مارکسی رویہ اپنایا تھا۔ اسکی بظاہر وجہ روس کی اندھی تقلید تھی۔ ہم جانتے ہیں کہ روس میں ۱۹۱۷ء کے انقلاب کے فوراً بعد ہی مخالف مارکسزم ہوا چلنے لگی تھی۔ مارکس کا یہ خیال کہ انقلاب سے کئی ترقی پسند ممالک وجود میں آئینگے غلط ثابت ہوا اور صرف ایک بڑا روس سامنے آیا، مارکس نے

یہ بھی کہا تھا کہ انقلاب سے سلطنت کا تصور ختم ہو جائیگا۔ کسی ملک کے پرولتار ہی وہاں کے لئے فیصلہ کُن طاقت رہیں گے، پرولتار کا کوئی مخصوص وطن نہیں ہوگا بلکہ ساری دنیا کے پرولتار ایک ہو جائیں گے اور یہ کہ مڈل کلاس ختم ہو جائیگا لیکن درحقیقت ہوا یہ کہ سلطنت کے خاتمہ کے بجائے روس میں بولشویک سلطنت دن بہ دن آمرانہ بنیادوں پر مضبوط ہوتی گئی۔ پُرانے مڈل کلاس کا خاتمہ تو ضرور ہوا لیکن ٹیکنیکی ماہرین، انجینئرز، بزنس مینیجرز اور سرکاری افسروں پر مشتمل ایک نیا اور زیادہ خطرناک مڈل کلاس پیدا ہوگیا۔ لیڈرشپ پرولتار کے ہاتھ نہیں آسکی، حتیٰ یہ کہ روس میں دھیرے دھیرے لفظ پرولتار کا استعمال ہی ختم ہوگیا اور اسکی جگہ 'عوام' نے لے لی، ان حالات میں روس اور روس کے زیر اثر دنیا کے دیگر ممالک میں جو ادب ترقی پسند ادب کے نام سے تخلیق کیا گیا اسکا بیشتر حصہ دراصل عوام کی بیکاری، مفلسی اور تکلیف دہ زندگی کو Exploit کرنے کی کوشش سے زیادہ کوئی اہمیت نہیں رکھتا۔ اردو کے ترقی پسند شاعروں نے بھی کثرت سے اس قسم کی نظمیں اور غزلیں لکھیں یہ نظمیں اپنے تمام معمولی پن کے باوجود ان جرائد میں نہایت ہی آب و تاب سے شائع ہوتی تھیں جن کے مالک یا مدیر ترقی پسند شاعر و ادیب ہوا کرتے تھے۔ اتنا ہی نہیں بلکہ ان رسالوں میں کسی ایسے شاعر و ادیب کی تخلیق مشکل سے ہی شائع ہو سکتی تھی جس نے اپنے ترقی پسند ہونے کا باقاعدہ اعلان نہ کیا ہو۔ مارکسزم کی آڑ میں پارٹی ادب تخلیق کرنے کے رویے نے ذہنوں کو اس طرح بدلا اور ڈھالا کہ دھیرے دھیرے ترقی پسند اپنے وطن اور اسکے عوام کو ثانوی اہمیت دینے لگے اور روس کو اپنی طاقت کا واحد ذریعہ، ملکوں میں عظیم ترین ملک اور اپنی امیدوں اور آرزوؤں کا جیتا جاگتا نمونہ سمجھنے لگے۔

یہ سویت یونین محبت کی ناؤ، انسانیت کا لنگر
ہماری قوت، ہماری حکمت، ہمارا ساتھی ہمارا رہبر

(سردار جعفری)

مری نگاہ میں ہے ارض ماسکو مجروح　　وہ سرزمیں کہ ستارے جسے سلام کریں

(مجروح)

اسی زمیں نے کسانوں کی قدر جانی ہے
اسی زمین پر محنت کی حکمرانی ہے
یہ شاہ کی نہیں انساں کی راجدھانی ہے
اُجڑ کے خود جسے انساں بچا رہے ہیں آج

(سرخ جنت: کیفی اعظمی)

مجنوں گورکھپوری نثر میں روس کو یوں خراج عقیدت پیش کرتے ہیں: "روس نے آج ساری دنیا کا رخ بدل کر رکھ دیا ہے، جو کوئی اور ملک نہ کرسکا۔ گوگول، ترگنیف، دستوفسکی اور ٹالسٹائے، گٹے، وڈورتھ اور شیلی وغیرہ کی آوازوں کی طرح مدرسے یا خانقاہ یا عالم بالا کی آوازیں نہیں معلوم ہوتیں۔" واضح رہے کہ گٹے، مارکس اور انگلز کا نہایت ہی محبوب فنکار تھا، جسکا ذکر دونوں کی تحریروں میں جا بجا نظر آتا ہے۔ ورڈزورتھ اور شیلی کی شاعری میں مارکسی نقاد انقلابی رویے تلاش کرتے رہے ہیں۔ کیٹس جیسا خالص جمالیاتی شاعر (جسے مجنوں صاحب غالباً وغیرہ میں شامل کرتے ہیں) کاڈویل جیسے کٹر مارکسی نقاد کے نزدیک 'عظیم شاعر' تھا۔ لیکن ہمارے ترقی پسندوں نے ایسی باتوں کی پروا کبھی نہیں کی۔ ذہنی غلامی کی ایسی بدتر مثالیں شائد ہی کسی دوسری زبان کے ادب میں مل سکیں۔

قصہ مختصر یہ کہ اسٹالن، روس اور سطحی اشتراکیت نے ترقی پسندوں کی اکثریت کو بری طرح مسحور کر رکھا تھا اور اردو میں ترقی پسند تحریک اس وقت سکۂ رائج الوقت کی حیثیت رکھتی تھی۔ اس تحریک کا مرکزی فارمولا یہ تھا کہ لکھنے والا اپنے آپ کو مزدور طبقے سے شناخت کرے اور اپنی عملی زندگی نیز تحریروں میں طبقاتی کشمکش کو مرکزی حیثیت دے۔ ترقی پسندوں نے اس فارمولے کے لئے ایک ادبی اصطلاح بھی ڈھونڈھ نکالی اور یہ اصطلاح تھی "اشتراکی حقیقت نگاری!" اسی فارمولے کے تحت میراجی، اختر الایمان اور راشد کو

کہ جو اپنی ذہنی آزادی کسی مخصوص سیاسی نظام کے ہاتھوں بیچنے کو تیار نہیں تھے، رجعت پسند اور ہیئت پرست ٹھہرایا گیا۔ ظاہر ہے کہ یہ فارمولا بھی قطعاً غیر مارکسی فارمولا تھا کیونکہ مارکس کی تحریروں میں نہ تو اشتراکی یا کسی اور قسم کی حقیقت نگاری کے متعلق کوئی مفصل بحث ملتی ہے اور نہ ہی مارکس نے اپنی تحریروں میں اشتراکی حقیقت نگاری کی اصطلاح استعمال کی ہے۔ یہ بات قابل غور ہے کہ وہ شخص (مارکس) جس کے پسندیدہ لکھنے والے شیکسپیر، گوئٹے، اسکاٹ اور بالزاک وغیرہ ہوں، کس طرح ادب کو اشتراکی یا کسی اور طرح کی مخصوص حقیقت نگاری کے کٹہرے میں بند کر سکتا ہے۔ سماجی میلانات کے تعلق سے ادبی حقیقت نگاری کی بحث انگلز کے یہاں ضرور مل جاتی ہے لیکن انگلز نے بھی کبھی یہ دعویٰ نہیں کیا کہ حقیقت نگاری ہی، پرولتاری ادب کے اظہار کا واحد اسلوب ہو سکتی ہے۔ ادب اور فن میں میلاناتی عناصر اور حقیقت نگاری کے سلسلے میں Mina Kautsky کے ناول The new and the old کے متعلق انگلز کی رائے بڑی اہمیت رکھتی ہے۔ انگلز نے اس ناول پر رائے دیتے ہوئے، نہایت ہی واضح انداز میں اس بات پر زور دیا ہے کہ "کسی جانب دار مقصد کی کھلی تائید ادیب کا منصب نہیں ہے"۔[6] انگلز کے خیال کے مطابق ادب کا بنیادی تعلق (concern) سیاسی بیانات دینا نہیں ہے اور نہ ہی کسی ادیب کو اپنے سیاسی جوش و خروش سے اتنا متاثر ہو جانا چاہئے کہ وہ اپنے پڑھنے والوں کے ہاتھوں میں کسی سیاسی مسئلے کا کوئی طے شدہ حل دے دے۔ اشتراکی حقیقت نگاری کا رکیٹ دراصل ۱۹۳۲ء میں کمیونسٹ پارٹی آف سویت یونین کے ہدایت نامے اور ۱۹۳۴ء میں سویت ادیبوں کی پہلی کانفرنس کے انعقاد کے بعد، ان ادیبوں کی طرف سے چلا گیا جو حقیقت نگاری کے نام پر ادب کو اسٹالنزم کے پروپیگنڈے اور اسٹالینی عزائم اور مقاصد کے حصول کا ذریعہ بنانا چاہتے تھے۔ ان لوگوں نے ادیبوں اور شاعروں سے یہ مطالبہ کیا کہ وہ تاریخی صداقتوں کی، فنی عکاسی کے

6. PETER DEMETZ: Marx, Engles and the Poets, P329.

ساتھ ساتھ مزدوروں کو ادب وشعر کے ذریعے نظریاتی تعلیم بھی دیں اور اشتراکیت کی تبلیغ کریں۔ یہاں یہ بھی عرض کرتا چلوں کہ ترقی پسندوں کا اشتراکی حقیقت نگاری والا فارمولا (جس کا ذکر اوپر آچکا ہے) کسی بھی جمالیاتی سمت کی طرف کوئی اشارہ نہیں کرتا، اور نہ ہی سیاست اور فن کے درمیان کوئی واضح حد فاصل قائم کرنے کی کوشش کرتا ہے اسی طرح یہ فارمولا اس بات کی بھی وضاحت نہیں کرتا کہ کسی ادیب کی تحریروں میں عام طور پر سیاسی عنصر پایا جانا چاہئے یا صرف کسی مخصوص دور میں! مزید کہ یہ فارمولا یہ بھی نہیں بتاتا کہ مزدور طبقے سے اپنے آپ کو شناخت (Identify) کرنے کا مطلب خود کو کسی سیاسی پارٹی سے شناخت کرنا ہے یا نہیں! بہرحال اشتراکی حقیقت نگاری والے فارمولے کا نتیجہ یہ نکلا کہ ترقی پسند نقاد کسی ادیب یا شاعر کی فنی عظمت کا تعین کرتے وقت اس ادیب یا شاعر کی پارٹی سے وفاداری کو سب سے زیادہ اہمیت دینے لگے۔ اور اس طرح یہ نقاد اپنے حقوق سے پارٹی کے حق میں دستبردار ہوگئے۔ ابتدا میں تحریک کی شکل خواہ مختلف رہی ہو لیکن دھیرے دھیرے یہ تحریک انتظامیہ کا آلۂ کار بن گئی اور تخلیقی وتنقیدی ادب پر پارٹی کی مہر ثبت کرنا ہی اس کا کار منصبی ٹھہرا۔ سجاد ظہیر اور سردار جعفری جیسے ترقی پسندوں نے ترقی پسندی کے نام پر پارٹی کا ادب پیش کرنا اور کرانا چاہا۔ ان حضرات نے پارٹی کو ورکنگ کلاس تصور کیا، اسٹالنزم کو مارکسزم کا نعم البدل جانا، اور سوشلزم کا مطلب سوویت یونین سمجھا۔ انھوں نے انقلابی ادب کے وسیع معنی کو نظر انداز کرکے صرف ایسے ادب پر زور دیا جس کا مقصد پارٹی کے کاموں کو آگے بڑھانا تھا، بالکل اسی طرح انھوں نے پارٹی ادب اور طبقاتی ادب کو ایک دوسرے سے جی بھر کے خلط ملط کردیا۔ اور یہ بھول گئے کہ پارٹی ادب اور طبقاتی ادب دو الگ الگ چیزیں ہیں پارٹی ادب یک سطحی شے ہے جو افادی معروضیت سے آگے نہیں بڑھ پاتی جبکہ طبقاتی ادب کی مختلف سطحیں ہوتی ہیں۔ طبقاتی ادب (پارٹی ادب کی

طرح) صرف مادی حال میں قید ہو کر نہیں رہ جاتا بلکہ ماضی اور حال دونوں کا شعور رکھتا ہے اور متضاد قسم کے خیالات و احساسات کے آزادانہ ٹکراؤ کی کھلی آزادی دیتا ہے۔ حقیقی طبقاتی ادب پوری انسانیت اور اس کے تمام اچھے بُرے پہلوؤں کو اپنے دامن میں سمیٹنے کی وسعت رکھتا ہے جبکہ پارٹی ادب ہمہ وقت ادب میں پارٹی کی تخلیق کرنے اور اس کا امیج بنانے پر ہی سارا زور صرف کرتا ہے۔ چونکہ ہندوستان میں کمیونسٹ پارٹی اور ترقی پسند تحریک کم و بیش ایک ہی زمانے میں پھلیں پھولیں اور پروان چڑھیں اسلئے اس وقت جو ترقی پسند شاعری کی گئی وہ خطرناک حد تک بائیں بازو کی جارحانہ اور خطیبانہ شاعری تھی۔ اتنا ہی نہیں بلکہ سردار جعفری، احتشام حسین سجاد ظہیر اور دوسرے ترقی پسند نقادوں نے ہر اس شخص کو جس نے ان کے بتائے ہوئے پروگراموں کے مطابق شاعری نہیں کی، غلاظت نگار، ہیئت پرست اور بورژوا ٹھہرایا۔ میراجی، منٹو، اختر الایمان اور راشد وغیرہ کی تحریروں میں فرار، شکست خوردگی، بیزاری اور مریضانہ جنس پرستی جیسی صفات ڈھونڈی گئیں۔

لیکن ان تمام باتوں کے باوجود یہ نہیں بھولنا چاہیئے کہ یہ شاعری تحریک نے نہیں بلکہ افراد نے کی۔ ان افراد کی زندگی میں ایسے لمحے بھی آتے رہے جب ان کے لاشعور پر تحریک کی گرفت ڈھیلی پڑ گئی اور ان لمحوں میں جو شاعری تخلیق ہوئی وہ نہ صرف قابلِ قدر ہے بلکہ ہماری بہترین ادبی روایات کا حصہ ہے۔ ہم جانتے ہیں کہ ہر زمانے کے نئے اور اچھے لکھنے والے اپنے پیشرووں اور خصوصاً فوری پیشرووں کی شاعری سے انحراف کرتے آئے ہیں، کیونکہ اس کے بغیر کسی زبان اور اس کے ادب میں نئے شعری رجحانات کا کوئی جواز نہیں رہتا۔ ترقی پسندوں نے بھی اپنے زمانے کے نمائندہ شاعروں کی حیثیت سے، اسوقت کے شعری ادب میں، موضوعات، ہیئت اور شعری رویئے کے اعتبار سے ایسے اضافے کئے جن کی اہمیت سے انکار نہیں کیا جا سکتا ہے۔ ۱۹۳۰-۳۲ء کے آس پاس جب فیض، مخدوم اور سردار وغیرہ نے شاعری شروع کی تو وہ کچھ اس قسم کی تھی:

شائد مری الفت کو بہت یاد کروگی
اپنے دل معصوم کو ناشاد کروگی
آؤگی مری گور پہ تم اشک بہانے
نوخیز بہاروں کے حسیں پھول چڑھانے
شاید مری تربت کو بھی ٹھکرا کے چلوگی
شاید مری بے سود وفاؤں پہ ہنسوگی
(فیض)

حسن کی رنگیں ادائیں کارگر ہوتی گئیں
عشق کی بے باکیاں بیباک تر ہوتی گئیں
یاں مری بہکی ہوئی نظریں بہکتی ہی رہیں
واں نگاہیں اور زیادہ معتبر ہوتی گئیں
زندگانی اپنے نشتر آزماتی ہی رہی
ان کی نظریں بخیۂ چاکِ جگر ہوتی گئیں
(سردار جعفری)

اے حسن کے تاجدار آیا، آیا
لے یار، اے غمگسار آیا، آیا
اور کارِ جہاں دور ہو للہ نہ چھیڑ
ہاں ہمسفر بہار آیا، آیا
(مخدوم)

ان اقتباسات سے یہ حقیقت واضح ہوجاتی ہے کہ موضوعات، ہیئت لفظیات، جارگن غرضکہ ہر لحاظ سے ان شعرا پر اردو کی روائتی عشقیہ شاعری کا اثر بہت گہرا تھا، اس وقت یہ لوگ کسی لحاظ سے اپنی کوئی انفرادی آواز نہیں رکھتے تھے بلکہ بحیثیت مجموعی یہ سبھی حضرات، اقبال، جوش، اختر شیرانی اور عظمت اللہ خاں وغیرہ کے یہاں Apprenticeship کر رہے تھے۔ ترقی پسند تحریک کی یہ بہت بڑی دین ہے کہ اس نے ایک طرف تو اس وقت کے نوجوان ادیبوں اور شاعروں کو دنیا کے مختلف حصوں میں ہونے والی آزادی کی جدو جہد سے متعارف کرایا اور دوسری طرف یعنی ادبی سطح پر اس حقیقت کا احساس دلایا کہ ذہنی اور جذباتی طور پر زندہ رہنے کے لئے انھیں ایک آزاد ماحول اور غیر روائتی ادبی فضا کی ضرورت تھی اسطرح ہم دیکھتے ہیں کہ سیاسی اور ادبی مصلحتوں کی بنا پر اسوقت کے مستحکم ادیبوں اور شاعروں سے سمجھوتہ کر لینے کے باوجود اہم ترقی پسند شاعروں نے دھیرے دھیرے اپنے آپ کو غیر روائتی

ادبی سانچوں میں ڈھالنے کی کوشش کی۔ جہاں تک موضوعات کا تعلق ہے ترقی پسندوں کے موضوعات (عام انسانی احساسات کے علاوہ) اس زمانے کے سیاسی اور سماجی حالات سے براہ راست تعلق رکھتے تھے اور اسی باعث ان کی موضوعاتی تحریریں عوام و خواص سبھی کے لئے ایک طرح کی جذباتی کشش رکھتی تھیں۔ ان موضوعات سے ترقی پسندوں کو نقصان بھی پہنچا اور فائدہ بھی۔ فیض، مخدوم، سردار، مجروح مجاز، احمد ندیم قاسمی، اور جاں نثار اختر وغیرہ کے یہاں ایسی نظمیں اور غزلیں خاصی تعداد میں مل جاتی ہیں، جن میں نعرہ بازی اور بیانیہ انداز سے گریز کیا گیا ہے۔

ان نظموں اور غزلوں کے مطالعہ سے یہ بات صاف ہو جاتی ہے کہ متذکرہ شعراء نے اپنے بنیادی اعتقادات کو نظر انداز نہ کرنے کے باوجود اپنے شعری محاورے کو، سیاسی خیالات و نظریات کی براہ راست زد سے بچا لیا ہے۔ یہ نظمیں اور غزلیں پارٹی ڈکشن کی پابندی کرنے کے بجائے انفرادی اسلوب اور جداگانہ انداز رکھتی ہیں ان نظموں اور غزلوں میں ایک ایسی تہذیب تو یقیناً ملتی ہے جو اجتماعی سطح پر عام انسانوں کے درمیان ایک تعلق اور رشتہ پیدا کرتی ہے لیکن ساتھ ہی ساتھ اس میں ایک ایسی فضا بھی موجود ہے جس میں افراد کو اپنے احساسات و جذبات کے انفرادی اظہار کی آزادی حاصل ہے۔ موضوعات سے قطع نظر، ترقی پسندوں نے اردو شاعری کی مروجہ ہیئت میں جو تبدیلیاں کیں اور لفظیات، ترتیب نحوی، استعارات، اور آزاد شاعری کی سطح پر جو اضافے کئے ان کی نہ صرف اپنی ایک مستقل حیثیت ہے بلکہ وہ اس لئے بھی اہم ہیں کہ انھوں نے ہیئت کے اعتبار سے نئی شاعری کے لئے راستہ ہموار کیا۔ اگر چہ کہ بیسویں صدی کے شروع میں عبدالحلیم شرر اور ان کے بعد نذیر حسین انبالوی، غلام محمد طور، صادق علی خاں کاشمیری، عبدالرحمن بجنوری اور امجد گیاوی، وغیرہ نے اردو شاعری کی ہیئت کو بدلنے اور اسے آزاد شاعری سے متعارف

کرانے کی کوشش کی تھی، لیکن ایک تو یہ کہ یہ سبھی حضرات تخلیقی سطح پر معمولی حیثیت کے لوگ تھے، اور ان کے کلام سے اس اور تخلیقی قوت کا کوئی اندازہ نہیں ہوتا جو کسی زبان و ادب میں کسی بڑے انقلاب کا سبب بن سکے، اور دوسرے یہ کہ ان تمام حضرات پر (ان کی مغرب پسندی کے باوجود روایات کی گرفت بہت مضبوط تھی۔ آزاد نظم کبھی بھی ان شعراء کی داخلی ضرورت نہیں بن سکی۔ برخلاف اسکے، ترقی پسندوں کی آزاد شاعری، اردو شاعری کی مروجہ ہیئتوں اور بنے بنائے لسانی سانچوں کے خلاف نئے اذہان کے پرزور اور موثر احتجاج کی حیثیت رکھتی ہے۔ آزاد نظم، جس میں کسی ایک بحر، ایک مخصوص وزن، مصرعوں کی یکساں طوالت جیسی خصوصیت کی ضرورت نہیں پڑتی، ترقی پسندوں کے اُبلتے ہوئے جذبات و احساسات کے اظہار کے لئے مناسب ہیئت تھی، اور یقیناً ترقی پسندوں نے اسکے امکانات کو پوری طرح کھنگالا۔[۵۷]

اب ایک آخری سوال ــــ! کیا ۱۹۸۲ء میں ترقی پسندی تحریک یا انجمن ترقی پسند مصنفین کی کوئی ضرورت ہے ــــ! جی ہاں۔ دو طرح کے لوگوں کے لئے۔ ایک تو ان لوگوں کے لئے جنھوں نے برسوں سے اس تحریک کو ادبی تحریک نہیں بلکہ پیشے کے طور پر اپنا رکھا ہے اور دوسرے ان لوگوں کے لئے جو شاعری تو غنیمت کر لیتے ہیں، مگر جن کے لئے شہرت، شاعری سے زیادہ اہمیت رکھتی ہے اور جو نئے شاعروں نیز نئے نقادوں کو وقتاً فوقتاً دھمکاتے رہتے ہیں کہ اگر ان کی، خاطر خواہ تعریف نہ کی گئی تو وہ ترقی پسند بن جائیں گے، گویا کہ ترقی پسندی کوئی کمبل ہے کہ جب جی چاہا اتار پھینکا اور جب جی چاہا لپیٹ لیا۔

[۵۷] موضوعات اور ہیئت کے سلسلے میں تفصیلی مطالعے کے لئے مندرجہ ذیل تخلیقات کا مطالعہ کیا جا سکتا ہے۔
موضوع سخن، تنہائی، ایک منظر، زنداں کی ایک رات اور ملاقات: فیض (ملاقات اردو میں شعری پیراگراف کی پہلی کامیاب مثال ہے) اندھیرا، چاند تاروں کا بن، لحت جگر، چارہ گر: (مخدوم) نیند، پتھر کی دیوار، اودھ کی خاک حسیں (سردار جعفری) آوارہ، رات اور ریل۔ (مجاز) راستے، ریستوراں، خشک پتے، آزادی کے بعد (احمد ندیم قاسمی) خاک دل، آخری ملاقات، (جاں نثار اختر)

چٹان اور پانی

”..... جدید شاعری ہی آج کی شاعری ہے۔ باقی جو کچھ ہے نقالی، بھٹئی، مجاوری، بازی گری، شعبدہ بازی وغیرہ ہے۔ وہ لوگ جو بیسویں صدی میں رہ کر کسی اور صدی میں سوچتے اور محسوس کرتے ہیں میرے لئے انتہائی مضحک ہیں۔ میں اور تمام جدید شاعر رفتگاں کے فکر وفن کے قدرداں ہیں اور اپنے قدیم ادبی سرمایہ کا احترام بھی کرتے ہیں لیکن آج کے قدامت پرستوں اور رفتگاں کے نقالوں اور بے مغز مقلدوں کو اس عزت و احترام کا مستحق نہیں سمجھتے۔ کیا احتشام صاحب کو یہ نٹ، بھانڈ نقال، مسخرے، خلاق یا فنکار نظر آتے ہیں؟ معافی چاہتا ہوں کہ اُن اُگلے ہوئے نوالے چبانے والوں کے لئے اور زیادہ سخت اور شدید الفاظ کا استعمال نہ کرسکا... جدید شاعری کے جن Achievements کا ذکر میں نے کیا ہے ان کا ثبوت مہیا کرنا کوئی مشکل بات نہیں

ہے۔ میرے بک ریک پر میراجی کی نظمیں، راشد کا ماورا، اخترالایمان کی یادیں، مختار صدیقی کی منزل شب، مجید امجد کی شب رفتہ، منیر نیازی کا تیز ہوا اور تنہا پھول، اور جنگل میں دھنک، وزیر آغا کا مجموعہ شام کے سائے، خلیل الرحمٰن اعظمی کا کاغذی پیرہن اور نیا عہد نامہ، مُنیب الرحمٰن کی بازدید، محمد علوی کا خالی مکان، ظفر اقبال کا آب رواں، شہریار کا اسم اعظم، کمار پاشی کا پرانے موسموں کی آواز، میرے اپنے سنگ پیرہن، انتخاب اور سند باد رکھے ہوئے ہیں۔"

"گفتگو سنجیدہ، علمی اور مدلل ہو تو بحث گوارا بھی ہو سکتی ہے لیکن افسوس ہے کہ ایسا نہیں..... میں نے اگر اس طرح کے ذہنی رویہ کو خود فریبی کہا تو اس میں برا ماننے کی کیا بات ہے۔ خوش قسمتی سے جن کتابوں سے اُن کا بک ریک مزین ہے ان میں سے تقریباً سبھی کتابیں میں نے بھی پڑھی ہیں۔ ان کے علاوہ میں نے اقبال، جوش، فراق، فیض، مُلّا، مخدوم، سردار جعفری، احمد ندیم قاسمی، عرش صدیقی، وحید اختر، باقر مہدی، فارغ بخاری، محمود ایاز، شہاب جعفری وغیرہ کو بھی جدید شاعر سمجھ کر پڑھا ہے ...."

پہلا اقتباس عمیق حنفی کے اس خط کا ہے جو رسالہ "شب خون" کے پانچویں شمارہ میں شائع ہوا اور دوسرا اقتباس سید احتشام حسین کے خط کا ہے جو انھوں نے اسی شمارہ میں عمیق حنفی کے جواب میں لکھا۔ عمیق حنفی ایک جدید شاعر ہیں، جس کا اعتراف انھوں نے اپنے متذکرہ خط میں انتہائی خلوص سے کیا ہے۔ سید احتشام حسین جیسا کہ ہر شخص جانتا ہے ادب کے استاد اور ایک بلند پایہ نقاد کی حیثیت سے محتاج تعارف نہیں۔ دونوں حضرات میں اس تحریری مناظرہ کی نوعیت اگر ذاتی ہوتی تو مجھے

یا کسی اور کو اندیشۂ شہر میں مبتلا ہونے کی ضرورت نہ تھی۔ لیکن چونکہ اس مناظرہ کی نوعیت ادبی ہے اس لئے ہر وہ شخص جسے ادب سے دلچسپی ہے اس بارے میں سوچ سکتا ہے اور اپنی رائے کا اظہار کر سکتا ہے۔ میرے خیال میں جس طرح میدان جنگ میں بم گرانے کا کام کوئی ایک پائلٹ کرتا ہے لیکن اس کا یہ فعل نہ تو ذاتی ہوتا ہے نہ اضطراری بلکہ اس کے پیچھے کسی قوم یا پورے ملک کی سوچی سمجھی (یہاں غلط یا صحیح سے بحث نہیں) پالیسی رہتی ہے۔ بالکل اسی طرح ان خطوط کو ذاتی یا اضطراری عمل کہنا مناسب نہ ہوگا۔ یہ خطوط دو واضح رجحانات کی نمائندگی کرتے ہیں۔ یہ دونوں رجحانات یکطرفہ گالیوں اور یکطرفہ تعریفوں کے رجحانات ہیں۔ عمل اور ردِّ عمل کی یہ کشمکش دراصل اُن دو ذہنوں کی کشمکش ہے جو چند مفروضات کے سنگین کٹہروں میں مقید ہیں۔ نتیجہ یہ ہے کہ جس طرح لوگ باگ شروع شروع میں ترقی پسند شاعری کے متعلق خاصے کنفیوژن کا شکار تھے بالکل اسی طرح آج نئی شاعری اور جدیدیت کے بارہ میں کنفیوژن پھیلا ہوا ہے۔ یہ متعصب اور غیر ذمہ دارانہ فیصلوں کے رجحان کے نتیجہ ہیں۔ دلّی یا علیگڈھ میں بیٹھ کر مضمون لکھنے والا دوسرے لوگوں کے علاوہ عام طور پر جاوید کمال، حسن نعیم، اجمل اجملی، رفعت سروش، محسن زیدی وغیرہ کے جدید شاعر ہونے پر اصرار کرتا ہے۔ حیدرآباد کا نیا نقاد ان میں سے اکثر ناموں سے قطعاً واقف نہیں۔ اُسے ان لوگوں کے بجائے عزیز قیسی، وحید اختر، خورشید احمد جامی، راشد آذر، وقار خلیل، تاج مہجور، حمید الماس، قمر ساحری اور رؤف خلش وغیرہ جدید اُردو شاعری کی آبرو معلوم ہوتے ہیں۔ مظہر امام، ظہیر صدیقی، سلطان اختر اور علیم اللہ حالی، اختر یوسف وغیرہ کا ذکر ہو تو لکھنے والا ہو نہ ہو بہار کا کوئی قابل فخر سپوت ہوگا۔ خیر ان لوگوں کو تو چھوڑ دیجئے ان کے سلسلہ میں تو صرف یہ گڑبڑ ہے کہ مقامی تعصبات کی وجہ سے یا تو ان لوگوں کی غیر ضروری

تعریف کردی جاتی ہے (جو ایک طرح کا میٹھا زہر ہے) یا پھر غیر ضروری طور پر ان کو نظر انداز کردیا جاتا ہے، سمجھدار قاری کی حالت تو اس وقت غیر ہوتی ہے جب اچانک ایک صبح ڈاک سے کوئی رسالہ آتا ہے اور خطوط کے صفحات میں کوئی بھی راہ چلتا نہایت ہی بے حیائی اور دیدہ دلیری سے یہ اعلان کرتا ہوا نظر آتا ہے کہ اُردو شاعری قطعاً رو بہ زوال نہیں بلکہ پچھلے چند برسوں میں فلاں فلاں شاعروں کے علاوہ راقم الحروف نے شاعری میں بیش بہا اضافے کئے ہیں (غالباً ایسے لوگوں کے نزدیک شاعری میں اضافہ اور بچوں کی تعداد میں اضافہ میں کوئی خاص فرق نہیں) اور ایسے خطوط پڑھ کر، حیرت تو مدیران کرام پر ہوتی ہے جن کی غیرت کا ایک طرف تو یہ عالم ہے کہ وہ اچھے اچھے ادیبوں اور شاعروں کو بھی خود سے خط لکھنا کسرِ شان سمجھتے ہیں۔ اور دوسری طرف نہایت ہی اطمینان سے ایسے خطوط چھاپ کر چین کی نیند سوتے ہیں۔ بہرحال قطع نظر اسکے کہ مختلف صوبوں سے جدید شاعروں کی مختلف فہرستیں آئی ہیں۔ ہمارے بزرگ نقاد آج بھی اقبال، جوش، فیض، سردار اور مخدوم کے بغیر جدید شاعری کے دسترخوان پر لقمہ نہیں توڑتے اس عظیم الشان افراتفری اور گڑبڑی کی وجہ یہ ہے کہ اب تک اُردو میں عام طور پر ہر اس شاعر کو جدید سمجھا اور کہا جاتا رہا ہے جس نے انیسویں صدی کے آخر یا بیسویں صدی کے شروع میں شاعری کی روائتی اصناف یعنی قصیدہ۔ مثنوی اور مرثیہ وغیرہ سے انحراف کیا اور مختلف طریقوں سے شعر کے دائرۂ عمل کو وسعت دی۔ حالی۔ اکبر اور اقبال یقیناً اپنے زمانہ کے جدید شاعر تھے۔ اکبر اور اقبال کے بعد جو شعری نسل ابھری۔ یعنی جوش اور اختر شیرانی اور ان کے فوراً ہی بعد ترقی پسندوں کا پورا قافلہ، وہ نسل حالی۔ اکبر اور اقبال والی نسل سے قطعاً مختلف تھی۔ حالی اور اقبال کی شاعری میں جو مذہبی عناصر ابھرے تھے ان سے جوش سردار، فیض، مخدوم، ندیم قاسمی، جاں نثار کو کسی قسم کا سروکار نہ تھا۔ بلکہ بعض معاملات میں تو یہ لوگ حالی اور اقبال کی ضد تھے۔ اقبال کی شاعری کا مرکزی تصوّر مسلمانوں کو ان کے شاندار ماضی کی یاد دلانا اور ان میں جرأت عمل پیدا کرنا تھا۔ ترقی پسند شاعروں کو اسلام اور مسلمانوں سے کوئی دلچسپی نہ تھی ان کا مذہب دراصل مارکسزم اور ہندوستانی قومیت کے پنپنے میں

اسٹالنزم کا پرچار تھا۔ وقت گذاری کے طور پر بعض ترقی پسند شعرا دیگر سماجی مسائل اور بالخصوص طوائفوں کے مسئلہ سے بھی دلچسپی لیا کرتے تھے۔ ترقی پسند شعرا زبان و بیان کے معاملہ میں اپنے سینیئر ہم عصروں مثلاً اقبال اور جوش کی شاعری سے بہت بڑی حد تک متاثر تھے۔ لیکن موضوعات، اسلوب اور پیشکش کے لحاظ سے ان لوگوں کی شاعری اقبال اور جوش کی شاعری سے اس حد تک مختلف تھی کہ بجا طور پر ترقی پسندوں کو اُردو شاعری میں ایک جدید رجحان کا علمبردار سمجھا گیا۔ ترقی پسندوں کا جادو زیادہ دنوں تک نہیں چل سکا، اس لئے نہیں کہ ان میں صلاحیتوں کی کمی تھی، بلکہ اس لئے کہ ترقی پسند شاعری کے جو موضوعات تھے انکا تجربہ ان لوگوں نے اس طرح نہیں کیا تھا کہ وہ ان کی شخصیت کا جزو بن گئے ہوں۔ یہ لوگ مزدوروں اور غریبوں کی حقیقی زندگی سے پوری طرح واقف نہ تھے۔ کیونکہ ان میں سے اکثر شعرا نے تو اپنے بچپن اور جوانی کا زمانہ لکھنؤ، علیگڈھ، الہ آباد، دلی اور حیدرآباد جیسے بڑے شہروں کے سجے سجائے ڈرائنگ روموں میں گذارا تھا، مزدوروں سے ان کی دلچسپی خالص رومانوی انداز کی تھی۔ کبھی کبھی یہ دلچسپی انکی اقتصادی ضروریات کا نتیجہ ہوا کرتی تھی۔ نتیجہ یہ ہوا کہ تھوڑے ہی دنوں بعد ان میں سے اکثر شعرا زیادہ اچھی شاعری کرنے کے بجائے زیادہ مشہور ہونے کی طرف راغب ہوگئے اور تحریک رفتہ رفتہ کمزور پڑنے لگی۔ اسی درمیان کچھ اور شاعر جنھوں نے کم و بیش ترقی پسندوں کے ساتھ ہی شاعری شروع کی تھی۔ سامنے آنے لگے یہ ایسے شعرا تھے جنھوں نے شاعری، دیکھا دیکھی، یا جوانی کے جوش میں نہیں شروع کی تھی یہ لوگ ترقی پسندوں کی بہ نسبت زیادہ سمجھدار، باشعور اور جیالے تھے۔ ان لوگوں نے سامعین کی داد یا ایڈیٹروں کی مرضی کو اپنی شاعری کا معیار نہیں بنایا۔ اور نہ ہی تنقیدی مضامین اور کتابوں میں اپنا نام ٹنکوانے تک ہی ساری جد و جہد محدود رکھی۔ انھوں نے سستی شہرت پر گمنامی کو فوقیت دی۔ لیکن وہی لکھا جو انھیں لکھنا چاہئے تھا۔ یا جن کے لکھنے کی ان میں صلاحیت تھی۔ چنانچہ جب طوفان تھما تو بلا کسی کوشش کے، بلا کسی نقاد کی منت و سماجت کے ان کو شہرت بھی ملی اور عزت بھی اور آج یقیناً انھیں یہ کہنے کا حق ہے کہ۔

" دیکھو ہم نے کیسے بسر کی اس آباد خرابے میں ۔"

یہ شعرا اخترالایمان، میراجی، راشد، مختار صدیقی، مجید امجد اور منیر نیازی وغیرہ تھے ۔ ان تمام لوگوں کی شاعری، سردار جعفری جیسے ترقی پسندوں اور اختر شیرانی جیسے رومان پسندوں کی شاعری سے بہت کچھ ملتی جلتی ہونے کے باوجود واضح طور پر بہت مختلف تھی۔ اس لئے انھیں ہمعصر شاعروں سے ممیز کرنے کے لئے جدید (MODERN) کہا گیا۔ بالکل اسی طرح جیسے حالی اور اکبر کے مقابلہ میں اقبال، اقبال کے مقابلہ میں جوش اور اختر شیرانی اور جوش و اختر کے مقابلہ میں ترقی پسند، جدید شاعر تھے۔ لیکن بدقسمتی سے شعرا کی ان تین چار نسلوں کے درمیان واضح اختلافی خطوط کی موجودگی کے باوجود اقبال سے لے کر بشر نواز اور محمد علوی تک ہر چھوٹے بڑے، بُرے بھلے شاعر کو جدید کہنے اور سمجھنے کا رجحان برسوں سے ہمیں تنگ کرتا آرہا ہے۔ ہوتا یہ ہے کہ جب ہم وقت واحد میں اقبال اور محمد علوی کو جدید شاعر سمجھ کر پڑھنے اور سمجھنے کی کوشش کرتے ہیں (خصوصیت سے اسوقت جب کہ پڑھنے والا اب سے پینتالیس، پچاس برس اُدھر پیدا ہوا ہو) تو بالکل فطری طور پر اقبال کے مقابلہ میں محمد علوی کی شاعری کمزور، معمولی اور کسی حد تک گندی معلوم ہوتی ہے۔ برخلاف اس کے اگر ہم اقبال کو بڑا شاعر سمجھ کر اور محمد علوی کو نیا شاعر سمجھ کر پڑھیں (نیا شاعر بھی کچھ دنوں بعد بڑا شاعر ہو سکتا ہے) تو ایک طرف تو اقبال کی عظمت اپنی جگہ پر قائم رہے گی اور دوسری طرف علوی کی شاعری کے ساتھ بھی انصاف ہو سکے گا۔ اقبال کی شاعری بڑی شاعری ہونے کے باوجود آج کی شاعری نہیں ہے۔ اس کی سیدھی وجہ یہ ہے کہ آج کا زمانہ اقبال کا زمانہ نہیں ہے زندگی کی بیشتر قدریں بدل چکی ہیں اقبال سماج میں تہذیب، شرافت اور اخلاق کے معیار آج کی بہ نسبت قطعاً مختلف تھے۔ اب سے کوئی ستر برس پہلے میر ناصر علی دہلوی کو ان کے والد نے محض اس لئے گھر سے نکال دیا تھا کہ وہ خاندانی شرافت کو نظر انداز کر کے انگریزی کی تعلیم حاصل کر رہے تھے۔ آج کی دنیا میں خاص طور پر ہندوستان میں عموماً انگریزی پڑھنے والا غیر مہذب سمجھا جاتا ہے۔ اسی طرح اقبال کے زمانہ میں میاں بیوی بھی بزرگوں کے سامنے ایک دوسرے سے کھل کر بات نہیں کر سکتے تھے۔ آج بڑے گھرانوں کو تو خیر چھوڑیئے

کئی متوسط گھرانوں میں بھی بوائے فرینڈ اور گرل فرینڈ کا آنا جانا کوئی معیوب بات نہیں سمجھی جاتی۔ مختصر یہ کہ تہذیب واخلاق ہو یا تعلیم و تربیت، سیر و تفریح ہو یا جنس ہر طرف اتنی تبدیلیاں آچکی ہیں کہ اقبال تو اقبال، جوش، ملا بھی آج کے زمانہ کو اپنا زمانہ نہیں کہہ سکتے۔ جوش۔ ملا، حتیٰ کہ سردار اور فیض کی زبان میں "ہمارے زمانے" کا مطلب کم سے کم تیس برس پہلے کا زمانہ ہے تو پھر ان حضرات کی شاعری آج کی شاعری کیسے ہوسکتی ہے۔ اس شاعری کو ہم جدید یا نئی شاعری کیسے کہہ سکتے ہیں۔ لیکن اس کا یہ مطلب بھی نہیں کہ ان شعرا نے بیسویں صدی میں رہ کر کسی اور صدی میں سوچا یا ان کی شاعری نقالی، بھٹتی، مجاوری وغیرہ ہے۔ ممکن ہے حنفی صاحب یہ کہیں کہ ان کا اشارہ اقبال، جوش، سردار اور مخدوم وغیرہ کی طرف نہ رہا ہو! اگر ایسا ہے اور بڑے سخن دراصل نوح ناروی اور شفا گوالیاری کے ہزاروں شاعر نما شاگردوں، یا "بیسویں صدی" میں تین شعر چھپوانے کے لئے تین صفحات کے خوشامدی خطوط لکھنے والوں کی طرف تھا تو میں کہوں گا کہ شاعری کی پرکھ یوں نہیں کرتے۔ یہ بالکل ایسا ہی ہے جیسے پیر کلو حجام، یا فدوی لاہوری، جانکی رام مفتخر لکھنوی کی شاعری کو سامنے رکھ کر میر، سودا، یا غالب کی شاعری پر بحث کی جائے۔ ہم ہر اس شخص کو شاعر نہیں کہہ سکتے جس پر چند، چند سو، یا چند ہزار مصرعے موزوں کرنے اور کبھی کبھار انھیں شائع کرادینے کا الزام ہو۔ اسی طرح اردو کے نسبتاً مسن (senior) نقادوں کا یہ رویّہ بھی سخت نامناسب ہے کہ وہ چند لفظوں یا چند مصرعوں کے ہر اُس اوٹ پٹانگ مجموعہ کو جو کسی رسالے میں چھپ جاتا ہے، نئی شاعری سمجھ کر تنقید کرنے بیٹھ جاتے ہیں۔ شاعری میں نئے یا پرانے رجحانات پر تنقید کرنے سے پہلے ہمیں یہ سوچنا پڑے گا کہ جس شاعر یا جن شاعروں نے ہم مثال بنا کر پیش کر رہے ہیں وہ حقیقت میں شاعر بھی ہیں یا نہیں۔ اسی طرح بعض ایسے لوگ بھی جنھوں نے نوح ناروی یا بیخود دہلوی کی تقلید میں شاعری شروع کی۔ لیکن زبان و بیان پر قابو نہ ہونے کی وجہ سے اس میدان میں ناکام رہے۔ اس ناکامی کی جھینپ مٹانے کے لئے ان میں سے اکثر لوگ ترقی پسندوں کے ساتھ ہوگئے، لیکن ترقی پسند اپنی کمزوریوں کے باوجود خطرناک حد تک ذہین تھے۔ انھوں نے ان رنگے سیاروں سے مشاعروں اور کانفرنسوں کے لئے چندے تو جمع کرائے لیکن انھیں باقاعدہ شاعر

تسلیم نہیں کیا۔ اب ان میں سے کچھ جدید شاعری کی کھال پہن کر سامنے آنے کی کوشش کر رہے ہیں، مگر ادب کا قاری شاعری کے اُن پرانے کرمفرماؤں سے اچھی طرح واقف ہو چکا ہے اور میں اُن حضرات کو یقین دلاتا ہوں کہ انھیں کسی بھی قیمت پر جدید شاعری کے ٹکٹ پر الکشن لڑنے کی اجازت نہیں دی جائے گی۔ مختصر یہ کہ ہر ایرے غیرے نتھو خیرے کو نیا (جدید) شاعر سمجھ کر نہ تو پوری نئی (جدید) شاعری کو نشانۂ ملامت بنانے کا رجحان صحتمند ہے اور نہ ہی ہر بے معنی مجموعۂ الفاظ کو شاعری کا نام دے کر، اس کی تعریف میں زمین و آسمان کے قلابے ملانے سے کام چل سکتا ہے۔

ایک ہی زمانے میں تمام ہمعصر شاعر "جدید" نہیں ہوتے۔ ہوتا یہ ہے کہ ایک ہی زمانے میں شاعروں کی مختلف نسلیں ابھر آتی ہیں۔ مثال کے طور پر جوش اور اختر شیرانی جیسے رومانی شاعروں کی موجودگی میں ہی سردار جعفری اور مخدوم والی شعری نسل ابھری اور ان کے ساتھ ہی ساتھ کچھ اور لوگ بڑی خوبصورت شاعری کر رہے تھے۔ ان میں سکندر علی وجد، جمیل مظہری، نشور واحدی، اعجاز صدیقی اور اجتبیٰ رضوی جیسے نو کلاسیکی (Neo-classical) شعرا قابل ذکر ہیں، جن کی شاعری کئی لحاظ سے بڑی اہمیتوں کی مالک ہے۔ اسی طرح شاعروں کی ایک نسل لکھتی رہتی ہے۔ ابھی یہ نسل طبعی اور شعری دونوں عمروں کے لحاظ سے پوری طور پر بوڑھی نہیں ہو پاتی کہ نوجوان شاعروں کی ایک نئی کھیپ سامنے آ جاتی ہے۔ ان نوجوانوں کے ساتھ بعض ایسے شاعر بھی ہو جاتے ہیں جو جونیئر کی حیثیت سے سابقہ نسل کے ساتھ شامل تھے۔ اب اگر ان دونوں کی موجودگی میں شاعروں کی کوئی تیسری نسل بھی ابھرے تو پھر یا تو انھیں نیا شاعر کہہ کر جدید شاعروں سے ممیز کیا جائے یا پھر یہ یہ لوگ کسی تحریک کے نام سے پہچانے جائیں۔ مثال کے طور پر جارجین شاعروں (Georgians) کی موجودگی میں جب پاؤنڈ، ایلیٹ اور کئی دوسرے شاعر اُبھرے تو یہ لوگ جدید (Moderns) کہلائے اور جب ان لوگوں کے ساتھ ہی ساتھ جارجین شاعروں کی زندگی میں ڈونالڈ ڈیوی، جان مل، اور کانکوئسٹ وغیرہ پر مشتمل ایک نئی شاعری ابھری تو ان لوگوں نے اپنے آپ کو جدید کہنے کے بجائے New lines Poet کہا اور کہلوایا۔ اسی طرح امریکہ میں Karl Shapiro اور اس کے ساتھیوں نے Antimodernist تحریک کا آغاز کیا۔ ان باتوں کو ذہن میں رکھتے

ہوئے اگر ہم اردو شاعری کی موجودہ صورت حال کا جائزہ لیں تو ہمیں معلوم ہوگا کہ جوش، فراق، یگانہ اور دوسرے شعراء کی موجودگی میں جب سردار جعفری اور ان کے ساتھی شعراء ابھرے تو یہ لوگ جدید شاعر سمجھے گئے۔ لیکن یہاں معاملہ یہ تھا کہ ان جدید شاعروں کے پاس جدت سے زیادہ تحریک تھی۔ اس لئے انھیں جدید شاعر کہنے کے بجائے تحریک کی مناسبت سے ترقی پسند شاعر کہا گیا ترقی پسندوں کے مقابلہ میں میراجی، اخترالایمان، راشد، مختار صدیقی اور مجید امجد وغیرہ جدید ہیں۔ کیونکہ ان لوگوں نے ترقی پسند شاعری کی یکسر نفی نہ کرتے ہوئے اردو شاعری کے دھارے کو ایک نیا اور واضح موڑ عطا کیا، اسوقت سے آجتک یہ روایت سی بن گئی ہے کہ ہم جوش اور اختر شیرانی کے بعد کے تمام شاعروں کو یا تو ترقی پسند سمجھتے ہیں یا جدید۔ چنانچہ آج ہم دیکھتے ہیں کہ اخترالایمان، میراجی، مختار صدیقی، مجید امجد، راہی معصوم رضا، خلیل الرحمن اعظمی، مصطفےٰ زیدی، عزیز حامد مدنی، وزیر آغا، قاضی سلیم، شاذ تمکنت، بشر نواز، وحید اختر، ساقی فاروقی، شہریار، عمیق حنفی، غرضکہ جو بھی ہے وہ جدید ہے۔ حالانکہ حقیقت یہ ہے کہ اسالیب بیان، موضوعات اور پیشکش کے لحاظ سے یہ تمام شعراء کسی بھی طرح ایک ہی خانے میں نہیں رکھے جاسکتے اخترالایمان، مختار صدیقی، مجید امجد، مصطفےٰ زیدی، عزیز حامد مدنی وغیرہ کی شاعری کے مقابلہ میں، باقر مہدی، وزیر آغا، بلراج کومل، قاضی سلیم، افتخار جالب، عباس اطہر، بشر نواز، ندا فاضلی، شاذ تمکنت، شمس الرحمن فاروقی، ساقی فاروقی وغیرہ کی شاعری میں واضح فرق موجود ہے۔ پہلا اور فوری طور پر نظر آجانے والا فرق تو ہیئت کا فرق ہے۔ نیا شاعر غزل مسلسل اور دو دو تین تین اشعار پر مشتمل بندوں والے فارم کو کم و بیش ترک کرچکا ہے۔ نئی شاعری زیادہ تر آزاد، معریٰ اور نثری نظموں (Prose Poem) کے فارم میں کی جارہی ہے۔ جبکہ اخترالایمان کے مجموعۂ "یادیں" کی تین چوتھائی سے زیادہ نظمیں پابند اور مقفیٰ نظمیں ہیں اور ہیئت کے اعتبار سے یہ نظمیں آج کے شاعروں کی نظموں کے مقابلہ میں اقبال، جوش، اور اختر شیرانی کی نظموں سے زیادہ قریب ہیں کچھ یہی حال مجید امجد کا ہے۔ شب رفتہ کی کئی نظمیں مثلاً "پھر کیا ہو۔" "التماس" اور "جینے والے" اور ان کے علاوہ کئی نظمیں غزل مسلسل کے فارم میں لکھی گئی ہیں، مزید یہ کہ کئی نظموں میں تو قافیہ پیمائی

کے شوق نے موصوف کو اچھا خاصہ رسوا کیا ہے۔ چنانچہ ایک نظم "صبح جوانی" میں یوں رقمطراز ہیں:

اب مجھ کو یہاں سے جانا ہے پرشوق نگاہو مت روکو

او میرے گلے میں لپٹی ہوئی بچکیلی باہو مت روکو

مجھے یقین ہے کہ اگر یہ مصرع مجید امجد کے بجائے سردار جعفری یا مخدوم کا ہوتا تو رسالوں میں چھپنے والے کئی خطوط اور مضامین میں اب تک لے دے ہو چکی ہوتی مگر مشکل یہ ہے کہ ہم نے ترقی پسندوں کی خوبیوں کو تو عرصہ ہوا فراموش کر دیا۔ لیکن ان کی خرابیوں کو ابتک کسی متاع بے بہا کی طرح کلیجے سے لگائے ہوئے ہیں۔ ایسی ہی خرابیوں میں سے ایک خرابی دوست نوازی اور اقربا پروری کی تھی۔ جس کے کارن ترقی پسند آجتک مطعون کئے جا رہے ہیں۔ کئی برس پہلے جب محمود ایاز نے رسالہ سوغات کا جدید نظم نمبر شائع کرنے کا فیصلہ کیا تو بیس نمائندہ نظم نگاروں کی نظمیں، شعراء کا نام مخفی رکھ کر ساتھی شعراء کے پاس تجزیاتی مطالعہ کے لئے بھیجیں۔ حقیقت یہ ہے کہ نظموں کا تجزیاتی مطالعہ کرتے وقت نئے شاعروں نے بہت ہی کھل کر اور دو ٹوک باتیں کیں۔ مثال کے طور پر خلیل الرحمٰن اعظمی کی نظم "کھردری حقیقتیں" کے متعلق بلراج کومل کی یہ رائے کہ "کھردری حقیقتیں کا موضوع نہایت پٹا ہوا موضوع ہے اور بدقسمتی سے نظم بھی نہایت بھونڈے طریقے سے ہوا ہے۔ فنی طور پر بھی یہ نظم بہت کمزور ہے۔ آزاد نظم کی ضرورتوں کو بھی شاعر نے قطعی طور پر محسوس نہیں کیا، مصرعوں کی ترتیب اور بناوٹ غیر ہموار اور یکسر غیر شاعرانہ ہے۔ تاثر کی کمی اس نظم کا سب سے بڑا عیب ہے" اور اسی طرح کی دوسری رائیں پڑھ کر یقین کامل ہو گیا تھا کہ اردو تنقید کے سر سے بے ایمانی اور دوست نوازی وغیرہ کے الزامات اب جلد ہی اٹھنے والے ہیں مگر وہ دن اور آج کا دن پھر ایسی تنقید پڑھنے کو آنکھیں ترس گئیں۔ یہاں تنقید کے نام سے کچھ لوگوں نے کچھ دوسرے لوگوں کو (ذاتی اسباب کی بنا پر) گالیاں ضرور دیں۔

خیر یہ چند باتیں تو یہاں جملۂ معترضہ کے طور پر آ گئیں۔ بات دراصل اختر الایمان اور مجید امجد وغیرہ کی ہو رہی تھی! میں سمجھتا ہوں کہ مصطفےٰ زیدی خلیل الرحمٰن اور عزیز حامد مدنی وغیرہ

بھی اخترالایمان کے گروپ کے شاعر ہیں۔ صرف یہی نہیں کہ یہ شعرا ہیئت اور اسلوب کے لحاظ سے ایک دوسرے کے قریب ہیں بلکہ ہیئت سے قطع نظر اگر ہم صرف موضوعات کو ہی مدنظر رکھیں تو ہمیں فوراً احساس ہوجائے گا کہ ان پانچوں شاعروں کے یہاں واضح سیاسی اور سماجی شعور ایک قدر مشترک کی سی حیثیت رکھتا ہے۔

ہیئت اور موضوعات کے ساتھ Approach کے تعلق سے بھی ہمیں اخترالایمان، مجید امجد، خلیل الرحمن اعظمی، مصطفےٰ زیدی اور عزیز حامد مدنی میں کچھ ایسی خصوصیات مل جاتی ہیں جن کی وجہ سے ہم ان لوگوں کو ایک دوسرے کے ساتھ رکھ سکتے ہیں۔ مزاج کے اعتبار سے ان لوگوں کے یہاں ایک مشترک خصوصیت یہ ہے کہ انھوں نے اپنے قریبی بزرگوں (Immediate Predecessors) سے ناطہ نہیں توڑا! مثال کے طور پر اگر ہم امجد ندیم قاسمی کی نظم 'یاد' کے اشعار

جب تری یاد سے بھر جاتا ہے پیمانۂ دل
تیری آہٹ اُمڈ آتی ہے مرے خوابوں میں
سر بہ سجدہ نظر آتا ہے مرا شعر جواں
تیرے پیکر کی دمکتی ہوئی محرابوں میں

... ...

درد میں اب جو چمک ہے کبھی پہلے تو نہ تھی
آج تو تیرے خیالوں سے بھی آنچ آتی ہے
آج تو تیرا تصور بھی ہے گلدستۂ خار
آج تو یاد بھی اک ہوک سی بن جاتی ہے

کو پڑھنے کے بعد جب اسی موضوع پر اخترالایمان کی یہ چھوٹی سی نظم پڑھتے ہیں:

میرے دامن پہ کئی اشک ہیں اب تک تازہ
میرے شانوں پہ وہی جنبش سر ہے اب تک
میرے ہاتھوں کو ہے احساس انھیں ہاتھوں کا

میری نظروں میں وہی دیدۂ تر ہے اب بھی
آج آہٹ بھی نہیں کوئی اشارا بھی نہیں
کسی ڈھلکے ہوئے آنچل کا سہارا بھی نہیں

اور پھر جب اس کے بعد ہم مصطفیٰ زیدی کی نظم "یاد" پڑھتے ہیں جو یوں شروع ہوتی ہے:

رات اوڑھے ہوئے آئی ہے فقیروں کا لباس
چاند کشکولِ گدائی کی طرح نادم ہے
دل میں دُکھے ہوئے ناسور لئے بیٹھا ہے
یہی معصوم تصور جو ترا مجرم ہے

اور ان اشعار کے ساتھ ہی جب ہماری ملاقات خلیل الرحمٰن اعظمی کی نظم "میں اور میں" کے اس بند سے ہوتی ہے:

رات تو آئی مگر روشنیاں گل نہ ہوئیں
میرے پہلو میں کوئی آگ سلگتی ہے ابھی
ہر بُنِ مو سے صدا آتی ہے جاؤ جاؤ
ڈھونڈھ کر لاؤ وہ اک شے جو کہیں گم کردی

تو ہم محسوس کرتے ہیں کہ ان میں کسی شاعر نے بھی اگرچہ کہ کسی دوسرے شاعر کی تقلید یا نقالی نہیں کی، ان میں ہر شاعر کے یہاں اگرچہ کہ بڑی حد تک انفرادیت ملتی ہے، لیکن ان تمام اشعار میں اندرونی سطح پر آپس میں ایک طرح کی بھائی چارگی کا جذبہ پایا جاتا ہے یہ بالکل ویسے ہی ہے جیسے مختلف بڑے شہر ایک دوسرے سے بالکل الگ ہونے کے باوجود ایک دوسرے سے ملتے جلتے ہوئے ہوتے ہیں لیکن ان نظموں اور اشعار کے مطالعہ کے بعد جب وزیر آغا کی "یاد" پڑھتے ہیں یا ہمیں قاضی سلیم کی مندرجہ ذیل نظم بعنوان "یاد" پڑھنے کو ملتی ہے:

نرم ریشم کی طرح بُنی خامشی
جا بجا پھر بکنے لگی

جسم کے آشیانوں سے طائر اُڑے
گرم تازہ لہو میں نہا کر پروں کو جھٹکنے لگے !
دیر تک رنگ اُترتا رہا !!!

تو ہم ایک بالکل ہی نئی شہر میں پہنچ جاتے ہیں۔ اختر الایمان اور ان کے ساتھی شاعروں کے مندرجہ بالا اشعار میں "یاد" اور "ہجر محبوب" کا ردِّ عمل کسی لحاظ سے یکساں طریقہ پر ہوا ہے لیکن قاضی سلیم تک پہنچتے پہنچتے معاملہ ہی کچھ اور ہو جاتا ہے۔ "یاد" کے عنوان سے یہ نظم ایک بالکل ہی نیا انداز رکھتی ہے اور یہی نیا انداز ہمیں باور کراتا ہے کہ اختر الایمان وغیرہ اپنی تمام خوبیوں کے باوجود اب نئے نہیں رہے بالکل اُسی طرح جیسے اقبال اپنی عظمتوں کے باوجود اختر الایمان کے مقابلہ میں نئے نہیں۔ اسی طرح خلیل الرحمٰن اعظمی کی نظم "شام" جو یوں شروع ہوتی ہے :

خوبصورت شام کہتی ہے کہ اب آؤ چلیں
چل کے ان رستوں پہ ڈھونڈیں اپنی کچھ پرچھائیاں
کل جہاں چھوڑا تھا ہم نے رنگ و بو کا کارواں

اور یوں ختم ہوتی ہے :

پھر کہیں یہ شام بھی جائے نہ اپنی رائیگاں
آج چل کر اپنے قدموں سے یہ قبریں کھودیں
شاید اب کی فصل میں اس خاک سے پودے اُگیں

اپنے اسلوب اور لہجہ کے لحاظ سے اختر الایمان اور مختار صدیقی وغیرہ کی شاعری سے قریب ہے اور نظم کے بین السطور میں جو ایک طرح کی رجائیت کا احساس ہوتا ہے اس کے لحاظ سے یہ احمد ندیم قاسمی کی نظم "شام کب آئے گی" کے آخری حصّوں سے ملتی جلتی ہے لیکن یہی شام جب نئے شاعروں مثلاً وزیر آغا، ندا فاضلی یا سلیم الرحمٰن کی نظموں کا موضوع بنتی ہے تو ہم شام کا چولا یکسر بدل جاتا ہے اور شام کے سلسلے میں کچھ اس قسم کے مصرع پڑھنے میں آتے ہیں:

شام نے پر پھیلائے
کالے کلوٹے چمگادڑ دروازوں سے باہر آئے
شام نے پر پھیلائے (وزیر آغا)

شام ہے
لمبی گلیوں میں اونچے مکانوں کی دیوار پر
پھیلتے سائے ہیں (سلیم الرحمٰن)
شور کرتا ہوا چھت پہ گرا
مانجھے کا سرا
میز پر اُگنے لگی
دھوپ کی چھوٹی سی کلی (ندا فاضلی)

ان مصرعوں نے نہ تو کسی شاعر نے شام کو فلسفیانے کی کوشش کی ہے اور نہ ہی شام کسی طرح کی رجائیت کی محرک ہے بلکہ چند تاثرات ہیں جن کا اظہار اُسی بے تکلف انداز میں کیا گیا ہے جو نئی شاعری کا خاصہ ہے۔ کہنے کا مطلب یہ ہے کہ اختر الایمان، میراجی، راشد، مختار صدیقی، مجید امجد، مصطفےٰ زیدی، خلیل الرحمٰن اعظمی اور عزیز حامد مدنی وغیرہ کی شاعری میں اور نئے شاعروں مثلاً وزیر آغا، باقر مہدی، قاضی سلیم، بلراج کومل، عمیق حنفی۔ ساقی فاروقی، وحید اختر بشر نواز، شاذ تمکنت، ندا فاضلی، شہاب جعفری، کمار پاشی، محبوب خزاں، محب عارفی، محمد علوی اور عادل منصوری وغیرہ کی شاعری میں (قطع نظر عمروں کے) واضح اختلافات موجود ہیں تو ہم ان میں سے ہر شاعر کے ساتھ جدید کا لیبل کیسے چپکا سکتے ہیں۔

اسلوب اور موضوعات کی بنا پر شعرا میں کچھ نہ کچھ فرق تو کرنا ہی پڑے گا۔ میں سمجھتا ہوں کہ ایک عارضی خطِ تقسیم (Line of Demarcation) یوں کھینچی جا سکتی ہے کہ اختر الایمان سے لے کر خلیل الرحمٰن اور عزیز حامد مدنی تک کو ہم جدید شاعر سمجھیں۔ کیونکہ ان لوگوں

نے ترقی پسندوں کی روایت سے کٹ کر کچھ نئے راستے دریافت کیے تھے اور اسی طرح ہم بلراج کومل سے لے کر عادل منصوری اور دوسرے شعراء کو نیا شاعر کہیں کیونکہ ان لوگوں کی شاعری جدید شاعری سے بڑی حد تک مختلف ہے۔ اس خط تقسیم کو قبول کرنے کا پہلا فائدہ تو یہ ہو سکتا ہے کہ لوگ اکا دکا نئے شاعروں کے چند گندے اور بے معنی اشعار کی وجہ سے پوری جدید شاعری کو ملعون کرنا چھوڑ دیں گے اور ساتھ ہی ساتھ بار بار نئے شاعروں کے کلام کا [illegible] جدید شاعروں کے کلام سے مقابلہ کر کے نئی شاعری کو نذر آتش کرنے کا مشورہ نہ دے سکیں گے۔

نئے شاعروں کے سلسلے میں مجھے ایک اور بات جو صاف کرنی ہے وہ یہ ہے کہ میں نئے شاعروں میں قاضی سلیم، باقر مہدی، بلراج کومل، وزیر آغا، اور عمیق حنفی کو بھی شامل کرتا ہوں، اگرچہ کہ یہ حضرات اپنی طبعی اور شعری دونوں عمروں کے لحاظ سے مصطفےٰ زیدی اور خلیل الرحمن اعظمی کے ساتھیوں میں ہیں۔ ان کی عمریں Condone کرنے کا بڑا سبب یہ ہے کہ پچھلی دہائی میں تقریباً ان سبھی شاعروں نے مزاج کے اعتبار سے اپنے آپ کو جدید شاعری کے دھارے سے بالکل الگ کر لیا ہے۔ مزید یہ کہ چونکہ یہ تمام شعراء کم و بیش ہم عمر ہیں اور سب کے سب ایک ہی طرح کے حالات سے گذر کر نئی شاعری کے دھارے سے آکر ملے ہیں اس لئے نئے شاعروں میں ان کا ایک الگ گروہ سا بن گیا ہے۔ ان لوگوں کا اصل کارنامہ یہ ہے کہ انھوں نے پچھلے چند برسوں میں شعوری طور پر شاعری کی زبان کو بدلنے کی کوشش کی ہے، علاوہ اس کے ان کی اکثر نظموں کی بیرونی سطح سخت اور کھردری رہتی ہے۔ یہ سبھی لوگ نہایت ہی Antiromantic انداز میں لکھ رہے ہیں۔ ان لوگوں نے فوری تاثر پیدا کرنے کی غرض سے نرم و نازک الفاظ کا استعمال کر کے قاری کو بہلا پھسلا کر کام نکالنے کی کوشش نہیں کی بلکہ جذبات و احساسات کی حقیقی عکاسی کرنے والے الفاظ کا انتخاب کر کے انھوں نے شعر کے روائتی قاری کو کسی حد تک ناراض کرنے کا خطرہ بھی مول لیا ہے۔

نئی شاعری میں دوسرے رجحان کی نمائندگی بشر نواز، ساقی فاروقی، شہریار، کمار پاشی، شمس الرحمن فاروقی، عتیق اللہ، صادق، شاذ تمکنت، شہاب جعفری وغیرہ کرتے ہیں، ان کے یہاں اپنی اپنی انفرادی خصوصیتوں کے علاوہ اشیا کا فلسفیانہ ادراک اور ان کا با معنی اظہار ایک قدر

مشترک کی سی حیثیت رکھتا ہے۔ پہلے رجحان کی نمائندگی کرنے والے شعراء کے برخلاف اچھی خاصی تعداد میں خوبصورت تشبیہات اور استعارات کا استعمال کر کے ان لوگوں نے اپنے اسلوب میں ایک طرح کا رچاؤ پیدا کر لیا ہے۔ ان سبھی کے یہاں ذاتی نظمیں خاصی تعداد میں مل جاتی ہیں۔ مگر یہ نہیں کہا جا سکتا کہ لوگ اپنی ذات کے خول میں اسیر ہو کر رہ گئے ہیں۔ ایک اور خصوصیت جس نے ان شعراء کو ایک دھاگے میں پرو رکھا ہے ماضی کی صحتمند قدروں کا احترام ہے۔ اسی احترام کا نتیجہ ہے کہ ان میں سے اکثر شاعروں نے نظموں کے علاوہ بیحد خوبصورت غزلیں بھی لکھی ہیں۔ ان خصوصیات کی بنا پر ادب کا نسبتاً کم sophisticated قاری انھیں کافی پسند کرتا ہے۔ غزلوں کا ذکر آ گیا ہے تو یہ بھی کہتا چلوں کہ نئے شاعروں میں سے چند ایسے ہی جنھوں نے غزل کو ہی اپنا خاص میدان بنا لیا ہے ان شعراء میں بشیر بدر، حامد حسین حامد، سیف زلفی، شہزاد احمد، اطہر نفیس وغیرہ خاص طور پر قابل ذکر ہیں۔ ان لوگوں نے اپنی غزلوں میں نہ تو سنگلاخ زمینوں کو پانی کرنے کی کوشش کی ہے اور نہ ہی سر کے بل کھڑے ہو کر عوام کو اپنی طرف متوجہ کرنا چاہا ہے ان لوگوں نے اپنی غزلوں کے ذریعہ نئی شاعری کو ایک نیا لب ولہجہ اور ایک خاص طرح کا تیکھا پن عطا کیا ہے۔ خیر، غزل کے ذکر کو یہیں چھوڑتے ہوئے میں نئی شاعری (نئی نظم) میں تیسرے رجحان کی طرف آتا ہوں جس کی نمائندگی محمد علی علوی، ندا فاضلی اور محمود شام وغیرہ کرتے ہیں۔ یہ رجحان دراصل زندگی کے چھوٹے چھوٹے دکھ سکھ، گھریلو مسائل اور رومانی نفسیات و کیفیات کو سیدھے سادے انداز میں نظم کر دینے کا رجحان ہے۔ ان شاعروں نے کسی پیغام، کسی فلسفۂ حیات، کسی سماجی اور سیاسی نظریہ کے بغیر کافی خوبصورت شاعری کی ہے۔ اس رجحان کی مزید وضاحت کرنے کی غرض سے میں یہاں تین مختصر اقتباسات پیش کرنا چاہتا ہوں:

دیواریں، دریچے، دروازے گم سم ہیں
باتیں کرتے ہوتے کمرے گم سم ہیں
ہنستی شور مچاتی گلیاں چپ چپ ہیں
روز چہکنے والی چڑیاں چپ چپ ہیں
پاس پڑوسی ملنے آنا بھول گئے

برتن آپس میں ٹکرانا بھول گئے
مِٹھو، بی بی رونی دو کہتا ہی نہیں
سونی سیج پہ دل بس میں رہتا ہی نہیں
سنگر کی آواز کو کان ترستے ہیں
گھر میں جیسے سب گونگے ہی بستے ہیں
تم کیا بچھڑے سمے سہانے بیت گئے
لوٹ آؤ میں ہارا لو، تم جیت گئے ـــــــ (شکست۔ محمد علوی)

سن کے تقاضوں کو کہاں ابا سمجھتے ہیں ابھی
ہر آرزو ہر شوق کو بے جا سمجھتے ہیں ابھی
ماضی میں رہتے ہیں ہمیں بچا سمجھتے ہیں ابھی
ابا کو کیا سمجھایئے
امی ہمیں بازار سے کپڑے نئے دلوایئے
جوڑے نئے بنوایئے
تغیر کا سیلاب امڈا چاہتا ہے دیکھئے
تعین کا ہر بند ٹوٹا چاہتا ہے دیکھئے
اعصار کا ہر اک زاویہ کیا چاہتا ہے دیکھئے
ہم کیا کریں بتلایئے ـــــــ (نئے تقاضے۔ محب عارفی)

آمنے سامنے دو نئی کھڑکیاں
جلتی سگریٹ کی لہراتی آوازیں
سوئی ڈورے کے رنگین الفاظ میں
مشورے کر رہی ہیں کئی روز سے

شاید اب بوڑھے دروازے سر جوڑ کر
وقت کی بات کو وقت پر مان لیں

بیچ کی ٹوٹی پھوٹی گلی چھوڑ کر
کھڑکیوں کے اشاروں کو پہچان لیں
آمنے سامنے دو نئی کھڑکیاں!

(نئی کھڑکیاں۔ ندا فاضلی)

ان نظموں اور ایسی سبھی نظموں کی خوبی یہ ہے کہ ان کی تشکیل عام طور پر نہایت ہی غیر شاعرانہ الفاظ سے ہوتی ہے۔ ان میں جذبات کی شدت اور خلوص جیسی روائتی خصوصیتیں بھی نہیں ملتیں، لیکن اس کے باوجود یہ نظمیں اپنے اندر گہرا تاثر رکھتی ہیں۔ ان نظموں کو پڑھ کر ذہن میں کوئی دھماکہ نہیں ہوتا بلکہ یہ نظمیں ایسے چھوٹے چھوٹے کنکروں کے مانند ہوتی ہیں جو ذہن کے پھیلے ہوئے پانی میں پہلے چھوٹے پھر بڑے اور پھر اس سے بڑے دائرے بناتی چلی جاتی ہیں اور ایک لمحے میں یہ دائرے اور پانی ایک ہوجاتے ہیں۔

چنانچہ آج ہم دیکھتے ہیں کہ نئی شاعری کا سخت سے سخت نقاد بھی جب اپنے مضمون کے آخر میں اچھے نئے شاعروں کا ذکر کرتا ہے تو اُن شاعروں کی تعداد کم از کم بیس تک پہنچ جاتی ہے۔ سمجھ میں نہیں آتا کہ جب اتنے سارے اچھے نئے شاعر موجود ہیں تو پھر ہمیں نئی شاعری کو بُرا کہنے اور اپنے آپ کو مسلسل اور بلاوجہ پریشان کرنے کا کیا حق ہے۔

اب رہا سوال یہ کہ نئی شاعری، جدید شاعری اور ترقی پسند شاعری کے مقابلہ میں بہتر ہے یا بدتر اس کا فیصلہ کرنے میں ظاہر ہے کہ وقت لگے گا۔ لیکن نئی شاعری بہرحال ایک separate entity کے طور پر سامنے آچکی ہے اور یہ ترقی پسند شاعری اور جدید شاعری سے مختلف ہے۔

اسی طرح مجھے بعض نقادوں کے اس فرمان میں کہ نئے شاعر اپنی روائتوں سے کٹ گئے ہیں اور نئے شاعروں کے اس دعوے میں کہ وہ تمام روایتوں کو جلا کر خاک کردیں گے صداقت محسوس نہیں ہوتی۔ روایتوں کے احترام کا مطلب اندھی تقلید اور نقالی نہیں اور نقالی نہ کرتے ہوئے اپنی بات ایک الگ لہجہ میں کہنا روایتوں سے کٹ جانا نہیں ہے۔ یہ قطعاً غلط ہے کہ نیاپن ماضی اور حال کے آپسی تصادم سے پیدا ہوتا ہے، نیاپن تو

دراصل ماضی اور حال کے بامعنی ملاپ کا نیتجہ ہوتا ہے۔ میرے نزدیک ادب کی صحت مند روایتیں ایک مضبوط چٹان کی مانند ہوتی ہیں، ایسی چٹان جسے نئی شاعری اور نئے ادب کا بہتا ہوا پانی اپنی جگہ سے ایک انچ بھی پیچھے نہیں ہٹا سکتا۔ نئے ادب کا پانی تو اس چٹان سے ٹکرا کر اپنے لئے نئے راستے تلاش کرتا ہے۔ جس طرح یہ پانی نہ تو چٹان کو توڑ سکتا ہے نہ اسے پیچھے ہٹا سکتا ہے۔ بالکل اسی طرح اس چٹان میں بھی یہ قوت نہیں کہ وہ بہتے ہوئے پانی کو نئے راستوں کی طرف جانے سے روک رکھے۔ چٹان اور پانی کا جنم جنم کا رشتہ ایک ایسی حقیقت ہے جسے تسلیم کرنے کے سوا کوئی چارہ نہیں ——— !

نئی شاعری اور جدیدیت

ادھر چند برسوں میں جدیدیت، ترقی پسندی، جدید شاعری، نئی شاعری وغیرہ کے متعلق، رسائل کے صفحات پر جو دھواں دھار بحثیں ہوئیں ہیں اور ہو رہی ہیں، ان کا ایک بڑا فائدہ یہ ہوا ہے کہ لوگ باگ نہ صرف نئی شاعری کے وجود سے واقف ہو گئے بلکہ نئی شاعری کے چرچے بہ بدی ہی سہی، موجودہ اردو تنقید میں ایک غالب حیثیت اختیار کر گئے۔ کئی لحاظ سے یہ ایک اچھی بات ہے لیکن ان مباحث کا ایک برا پہلو بھی ہے۔ وہ یہ کہ ہم لوگوں نے زیادہ توجہ اس بات پر صرف کی اور ہنوز کر رہے ہیں، کہ کون نیا شاعر ہے، کون نہیں ہے۔ نئی شاعری کی بنیادی خصوصیات سے بہت کم بحث کی گئی۔ زیادہ تر لوگ نئی شاعری کے سلسلے میں بحث کرتے ہوئے ایسی باتیں لکھتے ہیں، جن کا تعلق دراصل نئی شاعری سے اتنا نہیں ہوتا، جتنا ان کی اپنی ذہنی اختراع سے نتیجہ یہ ہے کہ کسی کے نزدیک نئی شاعری کی ابتدا بیسویں صدی کی تیسری دہائی سے ہوتی ہے تو کسی دوسرے کے نزدیک یہ سنہ ۶۰ء کے بعد کی پیداوار ہے۔ کوئی صاحب فراق و فیض سے ظفر اقبال تک سب کو نیا شاعر کہہ کر اپنے تنقیدی فرض سے سبک دوش ہو جاتے ہیں تو کوئی صاحب سرے سے ہی، ان تمام لوگوں کی اہمیت سے انکار کر دیتے ہیں۔ کوئی نئی شاعری کے لئے "ماضی کے صالح عناصر اور زندہ روایات"

کا نسخہ تجویز کرتا ہے تو کوئی دوسرا ماضی اور اس کے تمام ادب کو گالیاں دینا ہی جدیدیت کی پہلی شرط سمجھتا ہے۔ زیادہ قابل رحم حالت ان حضرات کی ہے جو نئی شاعری یا جدیدیت کے کسی ایسے معیار کو تسلیم کرنے کے لئے تیار نہیں جس پر خود ان کی اپنی شاعری پوری نہ اترتی ہو۔ علاوہ ازیں ادب کے اکھاڑے میں اس وقت کچھ ایسے پہلوان بھی موجود ہیں جو "سید برادران" کی طرح جس سے خوش ہو جاتے ہیں اس کے سر پر جدیدیت کا تاج زریں رکھ دیتے ہیں اور جس سے ناراض ہو جاتے ہیں، اسے بے تاج کر دیتے ہیں۔ غرض کہ نئی شاعری اور جدیدیت کے سلسلہ میں فی زمانہ اچھا خاصا انتشار پھیلا ہوا ہے۔ ان ہنگاموں میں بھی بعض قارئین[51] جدیدیت کو سمجھنا اور پھر اس کے توسط سے نئی شاعری کو پڑھنا چاہتے ہیں۔ جدیدیت کے سلسلہ میں نہ تو کوئی ٹھوس اور جامد فارمولا بنایا جا سکتا ہے اور نہ ہی اس کی کوئی ایسی تعریف کی جا سکتی ہے جس کا اطلاق ہر زمانے کی اور ہر طرح کی نئی شاعری پر کیا جا سکے۔ جدیدیت ایک اضافی چیز ہے اور ہر زمانہ میں اس کے ڈھانچہ میں "واضح تبدیلیوں کا ہونا ایک ناگزیر سی بات ہے"۔ ایک زمانہ میں جدیدیت سرسید تحریک کا نام تھا۔ گویا وہ انداز نظر اور وہ رویہ جس سے سرسید نے اس قوم کے ماضی اور حال کو سمجھنے اور سمجھانے کی کوشش کی، اور جس کی مدد سے اس قوم کا احیاء ممکن ہو سکا۔ ۲۵ء کے قریب ٹیگوریت اور رومانی تحریک جدیدیت کے مترادف تھی۔ ۳۶ء میں جدیدیت ترقی پسندی کا نام تھا۔ ۴۷ء کے فوراً بعد اجتماعی شعور کا اظہار غزل کے روپ میں جدیدیت کہلاتا تھا۔ لیکن آج ... کیا ہم ان میں سے کسی کو جدیدیت کہہ سکتے ہیں؟ اگر اس کا جواب نفی میں

---

۵۱ لفظ "قارئین" اردو کے سلسلے میں ذرا مبالغہ آمیز اصطلاح معلوم ہوتی ہے۔ کروڑوں افراد پر مشتمل یہ بے غیرت اور بے حس لسانی جماعت، اردو سے فقط دستخطوں جلسوں اور جلوسوں تک دلچسپی رکھتی ہے۔ دستخطیں لاکھوں کی تعداد میں جمع ہو سکتی ہیں لیکن اردو کی اچھی کتابیں یا معیاری رسالے ہزاروں کی تعداد میں بھی بک نہیں پاتے۔ اس سلسلہ میں بعض حضرات کچھ فلمی، نیم فلمی، مذہبی رسالوں کی کثیر تعداد اشاعت کے حوالے دیتے ہیں لیکن در حقیقت ان فلمی اور مذہبی رسالوں کے فروخت ہونے کا سبب اردو زبان و ادب سے دلچسپی نہیں ہے۔ بالکل اسی طرح جیسے اگر ہر ماہ معجون شباب آور کی ہزاروں شیشیاں بک جائیں تو اس سے یہ مطلب نہیں نکالا جا سکتا کہ لوگوں کو طب یونانی سے کوئی خاص شغف ہے۔

ہے تو اس سے اس بات کی تصدیق ہو جاتی ہے کہ جدیدیت ایک اضافی چیز ہے جس کے معنی ہر نسل کے ساتھ ہر دور میں بدل جاتے ہیں" (جمیل جالبی: جدیدیت 'شب خون' مارچ ۱۹۶۹ء) جی ہاں، اس کا جواب یقینی طور پر نفی میں ہی ہو سکتا ہے، اور یہ بھی سچ ہے کہ آج کی نئی شعری نسل نے ایک بار پھر اردو شاعری میں جدیدیت کے معنی بدل دیے ہیں۔ یہاں یہ موقع تو نہیں ہے کہ فیض، مخدوم اور سردار جعفری کی ترقی پسند شاعری، یا میرا جی، راشد اور اختر الایمان کی جدید شاعری اور افتخار جالب اور عادل منصوری سے لے کر اختر یوسف اور عتیق اللہ تک کی نئی شاعری کا مفصل مقابلہ و موازنہ کیا جائے لیکن مختصراً یہ عرض کرتا چلوں کہ ۳۶ء سے لے کر اب تک اردو میں جو کچھ بھی اور جتنا کچھ بھی معیاری شاعری کی گئی ہے وہ سب کی سب ایک جیسے خدو خال یا ایک ہی طرز احساس والی شاعری نہیں ہے۔ یہ بالکل فطری امر ہے، لیکن معلوم نہیں کیوں لوگ اس حقیقت کو تسلیم کرتے ہوئے جھجکتے اور ڈرتے ہیں۔ جس طرح ترقی پسند، میرا جی وغیرہ سے دراصل اس وجہ سے ناراض رہا کرتے تھے کہ یہ لوگ ان کی جیسی شاعری کیوں نہیں کرتے، اسی طرح آج ایک طرف ترقی پسند اور دوسری طرف اختر الایمان وغیرہ نئے شاعروں سے بڑی حد تک اسی لئے ناراض رہتے ہیں کہ نئے شاعروں کا ذہنی اور شعری رویہ پیش روؤں کے ذہنی اور شعری رویہ سے کیوں مختلف ہے۔ نئے شاعر اپنے پیش روؤں کی اچھی اور معیاری شاعری کی قدر کرنے کے باوجود ان کی جیسی شاعری نہیں کر سکتے۔ زمانے کا فرق ہے، حالات بدلے ہوئے ہیں اور زندگی کی کم و بیش سبھی قدریں بڑی حد تک تبدیل ہو چکی ہیں[۵۲] ان بدلے ہوئے حالات اور تبدیل شدہ قدروں کی

۵۲ کوئی بتلائے
وہ کون قدریں ہیں جن کا دامن
ازل کے آنچل کا سلسلہ ہے
کہاں ہے وہ سچ!
جو صدیوں سے آج تک جو امٹ ہے، بے میل ہے، اٹل ہے،
میں اس حقیقت کو جانتا ہوں
کہ وقت کا چاک جس کو ہر لمحہ نت نئے روپ دے رہا ہے
میں لمحہ لمحہ بدلتے رنگوں میں سچ کے چہرے کو ڈھونڈھتا ہوں!

(بشر نواز: سچ کی عمر ہے اک لمحہ)

تحت اس وقت جو نئی شاعری کی جا رہی ہے، اس کی اپنی کچھ خصوصیتیں ہیں۔ یہ خصوصیتیں ایک طرف تو نئی شاعری کو پیش روؤں کی شاعری سے الگ اور ممیز کرتی ہیں، اور دوسری طرف جدیدیت کا ایک نیا معیار قائم کرتی ہیں۔ نئی شاعری اور جدیدیت کے سلسلہ میں عام طور پر بحث کی جو سطح رہی ہے اس کی بنیاد، بہت بڑی حد تک مفروضات پر رہی ہے۔ عموماً "میرے خیال میں" میرے نزدیک ... " اور" میں سمجھتا ہوں ... " قسم کی باتیں کی جاتی رہی ہیں۔ مگر سوال کسی کے خیال یا کسی کی مرضی کا نہیں ہے۔ سوال یہ ہے کہ آج جو ایک نئے طرز احساس اور نئے انداز والی شاعری ہو رہی ہے اس کی خصوصیات کیا ہیں اور ان کا اظہار کس طرح ہو رہا ہے۔ یہاں یہ بھی عرض کر دوں کہ یہ مشترکہ خصوصیات، جنھیں ہم بحیثیت مجموعی 'جدیدیت' سے تعبیر کرتے ہیں۔ ہر شاعر کے یہاں، اور ہر نظم یا ہر شعر میں ایک ہی انداز اور ایک ہی مقدار میں نہیں ملیں گی۔ جس طرح عام زندگی میں کسی ایک واقعہ کا، مختلف افراد پر مختلف قسم کا ردعمل ہوتا ہے، اور اگر اسی ایک واقعہ کے تعلق سے یہ مختلف لوگ اپنے اپنے ردعمل کا اظہار کریں، تو واقعہ کی مرکزیت کے باوجود ہر شخص کے ردعمل کی ایک الگ شکل اور الگ شناخت ہوگی، اس طرح نئے شاعروں کے یہاں جدیدیت کے مختلف پہلو احساسات کے مشترکہ دھاروں کے باوجود الگ الگ رنگوں اور الگ شکلوں میں ملتے ہیں۔ کئی لوگ نئی شاعری اور جدیدیت کے سلسلے میں گفتگو کرتے ہوئے سارا زور، لفظیات میں تبدیلی اور اضافہ ترتیب نحوی اوقاف اعراب اور ہیئت کے انوکھے پن پر صرف کرتے ہیں۔ جدیدیت کے سلسلہ میں یہ تمام چیزیں بھی بہت اہم ہیں مگر ان کی اہمیت مرکزی نہیں بلکہ ثانوی ہے ہر زمانے کی جدیدیت اور ہر زمانے کی نئی شاعری دراصل عصریت سے عبارت ہوتی ہے اور عصریت کا تعلق اس طرح کا نہیں ہے جس طرح کا تعلق سماج اور پیشرو شعری نسل کے درمیان تھا۔ کچھ استثنیات کو نظر انداز کر دیا جائے، تو ہم دیکھتے ہیں کہ سبھی نئے شاعر ایسی عمروں والے لوگ ہیں جن کی پرورش اور پرداخت تقسیم ملک کے بعد ہوئی۔ پورے برصغیر کی نئی شعری نسل، ان افراد پر مشتمل ہے جنھوں نے "اکھنڈ بھارت" یا "بن کے رہے گا پاکستان" کے نعرے نہیں لگائے تھے، اور نہ ہی انھوں نے تقسیم سے پہلے کی سیاست میں کوئی حصہ لیا تھا۔ سرحد کے دونوں طرف رہنے والے ایسے شعراء جنھوں نے ۴۷ء کے پہلے، عملی یا جذباتی طور پر سیاسی جدوجہد میں حصہ لیا تھا، وہ تقسیم کے نتائج سے بددل اور

مایوس ضرور ہوئے، اس بارہ میں جذباتیت سے بھرپور کچھ نظمیں اور غزلیں بھی لکھی گئیں، لیکن جلد ہی ان لوگوں نے خود پر قابو پالیا اور حالات سے سمجھوتہ کرلیا۔ اب، ان میں سے بیشتر حضرات اپنے اپنے ملک کی برسراقتدار ہستیوں کے قصیدے لکھتے ہیں اور عیش کرتے ہیں خود کو اشتراکی کہتے ہیں اور نئے شاعروں کو امریکہ کا ایجنٹ۔ برخلاف اس کے برصغیر کے نئے شاعر نے ہوش سنبھالتے ہی خود کو قومی بلکہ بین الاقوامی پیمانہ پر آپسی نفرت، خطرناک قسم کی منافقت، بے روزگاری، جھوٹ، دغا بازی، نسلی اور صوبہ داری عصبیت وغیرہ سے دوچار پایا۔ آج وہ اپنے آپ کو ان سماجی قوتوں کے سامنے بے بس اور لاچار پاتا ہے جو روزمرہ کی زندگی میں اس پر حکومت کرتی ہیں۔ یہ نیا شاعر جب اپنے اردگرد دیکھتا ہے تو یہ محسوس کرتا ہے کہ آج ایک انسان کا دوسرے انسان سے وہی رشتہ ہے جو ایک مشین کا دوسری مشینوں سے ہوسکتا ہے۔ برسوں کے باہمی تعلقات اور میل جول لمحوں میں نذر آتش کردیے جاتے ہیں۔ ہر قسم کے رشتوں ناطوں کو نفع اور نقصان کی ترازو میں تولا جاتا ہے۔ دوستی اور دشمنی کا معیار محض ذاتی مفاد اور ذاتی عناد رہ گیا ہے۔ اس طرح کی باتیں سن کر اور پڑھ کر سماجی طور پر "باعزت" خوش حال اور مطمئن زندگی بسر کرنے والے بعض شاعر اور ادیب، یورپ کی صنعتی تہذیب کا ذکر کرتے ہیں اور یہ یاد دلاتے ہیں کہ ہندوستان تو آج بھی بیل گاڑیوں کے دور سے گزر رہا ہے۔ لیکن اگر ذرا بھی غور کیا جائے تو یہ اندازہ ہوجائے گا کہ ہم ایک بدقسمت قوم ہیں۔ پورے طور پر صنعتی نہ ہوسکنے کے باوجود، ایک طرف تو صنعتی تہذیب کی اکثر برائیاں (مثلاً زندگی کی مستحکم قدروں کا بکھر جانا، انسانی زندگی کی ارزانی اور بے وقعتی، اخلاق اور ثقافت جیسی اصطلاحوں کے معنی میں تبدیلی، اور انسانوں کا دوسرے انسانوں سے محض تجارتی تعلق) ہمارا مقدر بن گئی ہیں تو دوسری طرف ایک پچھڑے ہوئے ملک و سماج کی ساری برائیاں (مثلاً مذہبی کٹرپن، اور اس کے نتیجہ میں مذہبی نفرت، منافقت، بے ایمانی، مکاری، کام چوری، بھوک بیکاری، سماجی تنگ نظری، اور آبادی میں مضرت رساں اضافہ وغیرہ) بھی ہمارے ساتھ شب و روز سایہ کی طرح چپکی ہوئی ہیں۔ موجودہ سماج پر ایک سرسری نظر ڈالنے سے ہی یہ حقیقت واضح ہوجاتی ہے کہ ہمارا معاشرہ کس حد تک گندہ اور انحطاط پذیر ہوچکا ہے۔ سیاسی پارٹیوں سماجی

تنظیموں، قومی اداروں اور سرکاری دفاتر کی جو حالت ہے وہ کوئی ڈھکی چھپی بات نہیں۔ حتیٰ یہ کہ یونیورسٹیاں بھی جنھیں علم و دانش کا مرکز سمجھا اور کہا جاتا رہا ہے، زوال پذیری کی اس لعنت سے بچ نہیں سکیں۔ ہماری بیشتر یونیورسٹیاں دراصل اچھی خاصی تجارت گاہیں ہیں، جہاں مختلف کمیٹیوں پر نامزدگی سے لے کر اساتذہ کے تقرر اور پی۔ ایچ۔ ڈی کے مقالوں کی منظوری تک، سارے کاروبار میں، اہلیت اور قابلیت سے زیادہ ذاتی تعلقات، شخصی مفاد، علاقہ، ذات اور ایسی ہی دوسری چیزوں کو اہمیت دی جاتی ہے۔ یوں ہمارے درمیان ایسے لوگوں کی کمی نہیں جو سماج کے موجودہ المیہ سے واقف نہیں، یا واقف ہونا نہیں چاہتے۔ ان کے نزدیک سب کچھ ٹھیک ہے اور سب چلتا ہے۔ یہ معاملہ ویسے ہی ہے جیسے ہیمنگ وے کے ناول A Farewell to Arms میں جنگ کے خلاف نفرت کا اظہار کرتے ہوئے، ایک سپاہی دوسرے سپاہی کو بتاتا ہے کہ "ہم سب بھونے جا چکے ہیں، لیکن اس وقت تک سب ٹھیک ہے جب تک ہمیں اس کا علم نہیں ہوتا"۔ یہی حال بیشتر ہندوستانیوں کا ہے اور غالباً ایسے ہی لوگوں کے لئے ایک نئے شاعر ریاض مجید نے کہا ہے:

اسیر ہی رہے ہم پچھلے عہد ناموں کے   ہمیں خبر ہی نہیں تھی زمیں بدلنے کی

لیکن نیا شاعر کہ ایک غیر مشروط، حساس اور دردمند ذہن کا مالک ہے۔ اسے احساس ہے کہ مسلمہ اقدار کس طرح ٹوٹ پھوٹ کر ریزہ ریزہ ہو چکی ہیں۔ اور موجودہ حالات میں راہ نجات ڈھونڈنا کتنا کٹھن مسئلہ ہے۔ اس زوال آمادہ اور چور معاشرہ کی جو حالت ہے، اس میں جو مختلف قسم کی دھاندلیاں کی جا رہی ہیں اور جس طرح مختلف بہانوں اور مختلف طریقوں سے افراد کی زندگی جہنم بنا دی گئی ہے اس کا اظہار نئے شاعروں کے یہاں جا بجا ملتا ہے:

بر سرِ عام لعن طعن،
اس کے منہ پہ تھوکو، نفیس فسق و فجور کی ڈالیوں نے
ہیبت سے چھٹے پتوں کا نرم تازہ کلوروفل اس طرح
نگلنا شروع کیا ہے، سفید منگولیائی غنچے، دھڑوں پہ
دہشت زدہ، سراسیمہ، بے ارادہ گڑے ہیں۔۔۔

افتخار جالب: نفیس لا مرکزیت اظہار)

میرے سر پر ایک لمبی نیند کا آسیب ہے چھایا ہوا
اور میرے سامنے
پردہ در پردہ کھڑی تاریکیاں
ایک لمبی رات کی گہری، گھنی پرچھائیاں: (کمار پاشی: ایک لمبی رات کا آسیب)

کتنا بے درد سمے ہے
سچائی، نیکی، عظمت، عزت
پیار، محبت
سب ایسے سیارے ہیں
جو اپنے مدار کو چھوڑ چکے ہیں! (قاضی سلیم: باتیں)

یہ کیا جگہ ہے دوستو یہ کون سا دیار ہے
حدِ نگاہ تک جہاں، غبار ہی غبار ہے
ہر ایک جسم روح کے عذاب سے نڈھال ہے
ہر ایک آنکھ شبنمی ہر ایک دل فگار ہے
(شہریار)

ہر شخص کی قیمت ہے بکے جاتے ہیں کتنے
دیکھے سرِ محفل یہ تماشا کوئی کب تک
(باقر مہدی)

اوس کی بوندوں میں بکھرا ہوا منظر جیسے
سب کا یہ حال ہے اس دور میں میرا ہی نہیں
(شکیب جلالی)

ہوا کی سخت فصیلیں کھڑی ہیں چاروں طرف
نہیں یہاں سے کوئی راستہ نکلنے کا
(ظفر اقبال)

شعور نیلی رطوبتوں میں الجھ گیا ہے
خلوص کی انگلیوں کے نیچے
اندھیرا لفظوں میں ڈھل گیا ہے
یہاں سب الفاظ کھوکھلے ہیں
یہ کھوکھلا پن مقدروں سے جڑا ہوا ہے۔ (عادل منصوری: خلوص کی انگلیوں کے نیچے)

کیا ہوا ؟
صورت و صوت و صدا کچھ بھی نہیں
بجز احساسِ خلا کچھ بھی نہیں
ایک تعدیم کی ظلمت کے سوا کچھ بھی نہیں (عزیز قیسی)

بے سمت منزلوں کا سفر درمیان ہے رستوں کے سب نشان اڑا لے گئی ہوا (بشر نواز)
کردار قتل کرنے لگے لوگ یوں کہ ہم اپنے ہی گھر میں بیٹھ کے آوارہ ہو گئے (شمس الرحمٰن فاروقی)
احساس جرم و خوفِ مقدر ہے آج کا سر پر لٹک رہا ہے جو تلوار کی طرح (حامد حسین حامد)

یہ تمام اور اس قسم کے دوسرے صدہا اشعار اس بات کا بین ثبوت ہیں کہ نیا شاعر موجودہ سماج کی گندگیوں سے نہ صرف واقف ہے بلکہ وہ اس سماج سے خطرناک حد تک دل برداشتہ اور ناآسودہ بھی ہے۔ ان حالات میں نئے شاعر کے سامنے دو ہی راستے کھلے ہیں، یا تو وہ خود بھی چوروں اور بے ایمانوں کی اس بھیڑ میں شامل ہو جائے، یا اپنے آپ کو ان سے الگ کر لے۔ اس تعلق سے نئے شاعر کے تاثرات اور اس کا Preference ملاحظہ ہو :

اس بھیڑ کے میلے ٹھیلے میں
آدم زادوں کے ریلے میں
کیا حسن و ادا کیا عشق و ہوس
کیا خواہش و شوق اور کیا حسرت
کیا شرم و حیا ، جرأت ، غیرت
ہر منظر بھیڑ میں ڈوب گیا
میں خود بھی خود میں ڈوب گیا
تنہا ، تنہا ، تنہا ، تنہا (عمیق حنفی : شہر زاد) ۵

چنانچہ ہم دیکھتے ہیں کہ اب نئے شاعر اور سماج میں وہ رشتہ نہیں رہ گیا جو پیشرو شعرا اور سماج کے بیچ تھا۔

---

۵ بعض سینیئر شاعر اور ادیب آج بھی یہ کہتے ہیں کہ ہمیں سماج سے لڑنا چاہئے اور ان برائیوں کو دور کرنا چاہئے لیکن اگر ان حضرات کی زندگی اور مصروفیتوں پر ایک سرسری نظر بھی ڈالی جائے تو معلوم ہوگا کہ ان لبی باتوں کی منافقت
(باقی اگلے صفحہ پر)

مشہور، روسی نژاد وجودی مفکر Nicolas Berdyaev نے اپنی کتاب Solitude and Society میں، فرد کی ذات اور سماج کے مابین چار مختلف قسم کے رشتوں کا ذکر کیا ہے۔ پہلی قسم کا رشتہ تو وہ ہے جس کے تحت فرد پورے طور پر سماجی جانور رہتا ہے! اس میں اور سماجی ماحول میں پوری ہم آہنگی ہوتی ہے اور وہ اپنی ذات اور اپنی تنہائی سے مکمل طور پر بے خبر رہتا ہے ایسی صورت حال انتہائی درجہ کی خارجیت اور سماجیت سے عبارت ہوتی ہے، اور اس صورت حال سے مطمئن افراد مشترکہ روایات سے پوری طرح مطمئن رہتے ہیں۔ فرد اور سماج کے آپسی رشتہ کی دوسری سطح وہ ہوتی ہے جب فرد کی ذات کو تنہائی کا احساس تو نہیں ہوتا لیکن وہ سماج سے غیر متعلق (Indifferent) سا رہتا ہے۔ عام طور پر ایک مستحکم سماج میں ایسے لوگ کثرت سے پائے جاتے ہیں۔ فرد اور سماج کے درمیان تیسرے قسم کے رشتہ میں، فرد نہ صرف اپنی تنہائی سے باخبر رہتا ہے بلکہ وہ اپنے لئے سماج میں کوئی کشش محسوس نہیں کرتا۔ اس قسم کے رشتے کے تحت فرد اور سماج میں یا تو بہت ہی کم ہم آہنگی ہوتی ہے یا بالکل نہیں ہوتی۔ سماج اور فرد کے مابین رشتہ کی چوتھی سطح وہ ہے، جب فرد کو اپنی تنہائی کا بھی احساس ہوتا ہے اور سماج کی خوبیوں کا بھی۔ بردلیف کے نزدیک، ایسے رشتہ کی واضح مثالیں مذہبی پیغمبروں کے یہاں ملتی ہیں اور کبھی کبھی اس کی جھلکیاں سماج، زندگی، سائنس اور فن میں مل جاتی ہیں۔

میں سمجھتا ہوں کہ واضح طور پر فی زمانہ، نئے شاعر اور سماج کے درمیان تیسری قسم کا رشتہ پایا جاتا ہے۔ نیا شاعر، آج خود میں اور موجودہ سماج میں نہ تو کوئی ہم آہنگی محسوس کرتا ہے اور نہ ہی وہ سماج سے اپنی مجروح ذات کی شناخت کر پاتا ہے۔ ایسے موقعوں پر بعض حضرات یہ سوال اٹھاتے ہیں کہ نیا شاعر بھی دوسروں کی طرح سماج میں رہتا ہے، سماج میں بھی وہ اپنی روزی کماتا ہے، بیوی بچوں کے ساتھ زندگی بسر کرتا ہے۔ یہ معترضین اس حقیقت کو فراموش کر دیتے ہیں کہ دراصل "افراد کی حیثیت سے ہماری نجی اور شہریوں کی حیثیت سے ہماری سماجی زندگی دو مختلف چیزیں ہیں۔

(گذشتہ صفحہ سے) سے کوئی واسطہ نہیں۔ یہ لوگ خود گردن گردن تک ان آلودگیوں میں ڈوب چکے ہیں اور انھوں نے ان لوگوں سے مکمل سمجھوتہ کر لیا ہے جن کے مظالم اور کالے کرتوت کے خلاف لکھتے اور بولتے رہے ہیں۔

شہری کی حیثیت سے ہم (برگشتہ اور غیر مطمئن ہونے کے باوجود) سماجی ذمہ داری کا احساس رکھتے ہیں: ہم ٹیکس ادا کرتے ہیں، حق رائے دہی کا استعمال کرتے ہیں، قوانین کی پابندی کرتے ہیں اور جنگ کی صورت میں اپنی جانیں تک قربان کرنے کے لئے تیار رہتے ہیں۔" ۵

نیا شاعر بھی شہری کی حیثیت سے یہ سارے فرائض انجام دیتا ہے، لیکن ساتھ ساتھ اسکے دل و دماغ پر ہمہ وقت ایک عجیب و غریب قسم کی نفسیاتی اجنبیت کا احساس چھایا رہتا ہے اسی نفسیاتی اجنبیت نے نئے شاعر کو ایک برگشتہ (Alienated) شخصیت کا مالک بنا دیا ہے چنانچہ میرے نزدیک نئی شاعری کی جو اہم اور مرکزی خصوصیات ہیں اور جن کے لئے ہم بحیثیت مجموعی "جدیدیت" کی اصطلاح استعمال کرتے ہیں، اسکی (جدیدیت کی) پہلی اہم خصوصیت فطری پر برگشتگی ہے۔ برگشتہ شخصیت کے مالک اس نئے شاعر کی ایک علامتی اور حقائق پر مبنی تصویر ملاحظہ ہو:

وحشی لفظوں کے جنگل میں
وہ اک ڈرا ہوا ساحر ہے
چادر اور اس کے خون میں لت پت
اور بدن زخموں کا گھر ہے
کہاں سدھارے؟ رستے گم ہیں
کسے پکارے؟ اندھیارا ہے۔
ہر جانب آوارگی ہے
ہر ٹہنی پر میلی آنکھیں
کالے موٹے لب لٹکے ہیں
سر پر تاروں کا چھتا ہے　　　(وزیر آغا: شاعر)

ظاہر ہے کہ اب وہ زمانہ تو رہا نہیں جب دوسرے انسانوں کی طرح شاعر بھی خود فریبی اور جھوٹے بہلاووں کے سہارے زندہ رہ لیا کرتا تھا۔ جب وہ کچھ نہ ہونے کے باوجود بھی اپنے قلم کو تیغ براں اور خود کو اقلیم سخن کا تاج دار سمجھتا تھا اور خوش رہتا تھا۔ سماجی اور نفسیاتی علوم کی ترقیوں نیز سائنس اور اس کے متعلقات کی وسعتوں اور ان کے نتائج سے

واقعیت نے نئے انسان اور نئے شاعر کو عرفان و آگہی کی ایک نئی منزل پر لا کھڑا کیا ہے۔ اب اس میں اپنے آپ کو دھوکا دینے یا خیالی کھلونوں سے دل بہلانے کی نہ تو جرأت ہے اور نہ سکت ہے۔ وہ یہ محسوس کر رہا ہے کہ اس کے سامنے تمام راستے گم ہیں اور اس کے چاروں طرف قابل نفرت حالات کا اندھیرا چھایا ہوا ہے صورت حال کچھ ایسی ہو گئی ہے کہ آج نیا شاعر کسی خاص فلسفۂ حیات یا کسی خاص سیاسی نظریہ کے دامن میں پناہ نہیں ڈھونڈ سکتا۔ وہ نظریے جنھیں پیش رو شعری نسل نے خود پر مسلط کر لیا تھا، آج بجائے خود مسخ کر دیئے گئے ہیں اور بہتر سے بہتر نظریئے نیز فلسفہ ہائے حیات کی چادر کے نیچے بدتر سے بدتر مقاصد کے حصول کی کوشش کی جا رہی ہے۔ نئے شاعر نے ان نظریوں اور فلسفوں کے (بظاہر) ماننے والوں کو بھی آزما کر دیکھ لیا ہے اور ان کا بھرم بھی کھل چکا ہے۔

میں اک ایسا سرکش ہوں
جو اکثر رنگ برنگے، لہراتے پرچم والے باغی سے الجھ چکا ہے۔
ان کے لہراتے پرچم کے نیچے
میں نے اکثر نئے جوان سرکش کا خون دیکھا ہے
کئی باران کی جنت میں جا کر مجھ کو یہ محسوس ہوا
یہ سارے عیار مدبّر
انسان کے اصلی دشمن ہیں　　(باقر مہدی : اپنی نظموں کے صحرا میں)

یہ برگشتگی نہ صرف نئی شاعری کے موضوع و مواد میں ملتی ہے بلکہ یہ ہیئت پر بھی اثر انداز ہوئی ہے۔ ہیئت کے لحاظ سے طویل نظموں کا کم و بیش خاتمہ، مختصر نظم کی مقبولیت اور غزل گوئی کا زبردست احیاء اور ترقی اسی ذہنی برگشتگی کے نتائج ہیں۔ اب مواد کے اعتبار سے بھی چند اقتباسات ملاحظہ ہوں غزلوں اور نظموں کے ان اقتباسات میں وہ تمام درد و کرب اور درد و کرب کے مختلف روپ مل جاتے ہیں جن سے برگشتہ شخصیتیں اذہان دو چار ہوا کرتے ہیں۔

ہات آیا نہیں کچھ رات کی دلدل کے سوا　　ہائے کس موڑ پہ خوابوں کے پرستار گرے　　(شکیب جلالی)
دل اپنی آرزو کے گھروندے میں ہے اسیر　　رستے تمام بند ہوئے ہیں غریب پر

نہ چھوڑتا ہوں سفینہ نہ چھوڑ سکتا ہوں ہوا نے باندھ دیا جیسے بادباں سے مجھے (شہزاد احمد)

مگر یہاں کی بستیوں میں کون ہے؟
جو آس کی شکھالیے، سپاٹ، سرد ریت پر کھڑا رہے...
کوئی نہیں
کوئی نہیں...
تو کیوں نہ ان بھی دشاؤں کو سمیٹ لیں!
تو کیوں نہ اور سو رہیں! (احمد ہمیش: میں سو گیا)

وہ سرکس کا گھوڑا
پریشان شہروں میں کرتب دکھاتا
تماشائیوں کے دلوں کو لبھاتا
تحیر، ہنسی، قہقہوں، تالیوں کی فضاؤں میں برسوں چھلانگیں لگاتا
اسی گاؤں کے ایک میلے میں پہنچا
خریدا گیا تھا جہاں سے وہ بچپن میں، لیکن وہاں اب؟
وہاں کون تھا؟ اس کو پہچاننے والا کوئی نہیں تھا۔ (بلراج کومل: سرکس کا گھوڑا)

میں اپنے خول کے اندر سمٹ کر بیٹھ رہنا چاہتا ہوں
مجھے مینار کی کھڑکی سے جھک کر جھانکنے کی بھی ضرورت
کچھ نہیں ہے
(شمس الرحمٰن فاروقی: بیت عنکبوت)

کھلا یہ بھید کہ تنہائیاں ہی قسمت ہیں اک عمر دیکھ لیا محفلیں سجا کر بھی (ریاض مجید)
پھیلا ہوا تھا شہر میں تنہائیوں کا جال ہر شخص لپٹے اپنے تعاقب میں غرق تھا (سلطان اختر)

سکوں ریت کا اک ذرہ ہے
جو ریت نے کھا لیا ہے
اسے ڈھونڈنے کی نہ کوشش کرو

لونٹ پر اپنی تنہائیاں لاد کر
پا برہنہ دہکتے ہوئے رہ گزاروں میں بھٹکا کرو۔
اور سرابوں کو دیکھو تو آنکھیں چرا لو
کہ سب ریت ہی ریت ہے
ریت ہی ریت ہے
ریت ہے، ریت!!　　　　(محمد علوی : ریت)

تہذیب کو تلاش نہ کر شہر، شہر میں
تہذیب کھنڈروں میں ہے کچھ پتھروں میں ہے　　　　(افضل منہاس)

یہ ممکن ہے ایسا ہی ہو، پر مرا ذہن اس کو نہیں مانتا
یہ کتابوں کی باتیں تو کاغذ کی پڑیوں میں
لپٹا کے بیچو تو اچھا ہے
ان کا حقیقت سے کیا واسطہ ہے　　　　(زشار تاسک : بے ڈنک لمحہ)

ان گنت نظموں اور غزلوں سے یہ چند اقتباسات نئی شاعری میں برگشتگی کے عنصر سے کچھ مختلف نادیوں کو سمجھنے میں ہماری مدد کرتے ہیں۔ یہاں یہ موقع اور ضرورت تو نہیں ہے کہ مندرجہ بالا ہر اقتباس پر انفرادی طور سے بحث کی جائے۔ لیکن جہاں تک ان اقتباسات کے موضوع و مواد کا تعلق ہے ہم بحیثیت مجموعی کہہ سکتے ہیں کہ ان اشعار کے پیچھے ایک ایسی روح اور ایک ایسا ذہن ہے جو اپنے آس پاس کے ماحول کی گندگیوں سے نہ صرف واقف ہے بلکہ ان سے پوری طرح بیزار ہے۔ اس ذہن کو یہ بھی احساس ہے کہ موجودہ زندگی نہ صرف بے رس ہے بلکہ پوری طرح کھوکھلی ہو چکی ہے۔ لوگ اعمال سے زیادہ سستی اور کھوکھلی نیز صرف لمحاتی شہرتوں کے پیچھے بھاگتے ہیں۔ انسان چلتے پھرتے سایوں سے زیادہ اہمیت نہیں رکھتے اور ان بظاہر سانس لیتے ہوئے زندہ سایوں کا المیہ یہ ہے کہ انھیں موجودہ صورت حال اور اپنے زوال سے آگہی نہیں۔ بے شمار انسانوں کے ہجوم پر آدمی صرف اپنے پیروں کی طرف دیکھتا ہے، اسے کسی دوسرے کی خبر نہیں۔ ہر شخص کسی نہ کسی دائرہ میں قید ہو کر رہ گیا ہے اور اس دائرہ کو توڑ کر باہر نکلنے کی

نہ تو انسانوں میں ہمت ہے نہ خواہش۔ کسی بھی طرح کا مذہبی یا اخلاقی نظام کسی کے دکھ درد کا مداوا نہیں۔ چاروں طرف جھوٹی عزت کی طلب، دشنام طرازی اور ہر طرح کی بدعنوانی کا بازار گرم ہے! افواہیں ہماری زندگی کا اہم جزو بن گئی ہیں اور یہ کہ ساری دنیا آج ایک بڑی تجارتی منڈی کی حیثیت اختیار کر گئی ہے جہاں ہر شے کا وجود خرید و فروخت اور نفع و ضرر کی ترازو میں تلتا ہے۔ چنانچہ یہ نیا شاعر اس پورے ہنگامے میں کسی بھی طرف سے فریق بننا نہیں چاہتا کیونکہ ان حالات میں فریق بننے کا مطلب، کچھ بڑے آدمیوں کا ساتھ دے کر کچھ دوسرے بڑے آدمیوں کے خلاف بکنے جھکنے سے زیادہ کچھ نہیں یہاں ایک اور نکتہ کی وضاحت کر دینا مناسب سمجھتا ہوں وہ یہ کہ ان دنوں کئی لوگ نئے شاعر کی اس برگشتہ خاطری کو فراریت سے تعبیر کر رہے ہیں۔ یہ رجحان یا ان حضرات کی معصومیت کا نتیجہ ہے یا شرارت کا۔ اس کا حقیقت سے کوئی تعلق نہیں ہے۔ برگشتگی اور بے تعلقی فراریت نہیں۔ فراریت (ESCAPISM) دراصل اس ذہنی اور عملی صورت حال کا نام ہے جب شاعر، ادیب اور دوسرے تخلیقی فن کار، عصری زوال آمادگی اور زوال پذیری سے نہ صرف خود مطمئن ہوں بلکہ ان زوال آمادہ عناصر کی تعریف و توصیف بھی کریں اور انھیں بہتر گردانیں۔ نئے شاعروں کا معاملہ یہ نہیں ہے۔ ان کی ہر برگشتہ تخلیق دراصل سماج اور اس کی کثافتوں سے خلاف ایک انٹلکچوئل احتجاج ہے۔ اس احتجاجی رجحان اور ذہنی بے اطمینانی و ناآسودگی نے نئے شاعر کے خیالات و احساسات کا رخ اس کی اپنی شخصیت کی طرف موڑ دیا ہے اب وہ مطلق اور افلاطونی تصورات کا جنازہ اپنے کاندھوں پر اٹھائے پھرنے کے بجائے اپنی ذات اور اس کے متعلقات کی مرکزیت اور اہمیت کو تسلیم کرتا ہے اور اسی ذات کے کونوں کھدروں میں حقائق جستجو کرتا ہے۔ ظاہر ہے کہ یہ کوئی آسان کام نہیں۔ اس میں دکھ زیادہ ہیں اور آرام کم

سیاحت ذات پر خطر ہے
ردائے شب، دور تک سمندر
لہو کی موجوں کی رہ گزر ہے　　　(شاذ تمکنت : سفر)

اس طرح نئی شاعری اور اس سے متعلق جدیدیت کی دوسری اہم خصوصیت 'انکشاف ذات' ٹھہری ہے۔ جدیدیت کی طرح انکشاف ذات کی اصطلاح بھی خاصے الجھاووں کا

شکار رہی ہے۔ بیش تر لوگ انکشاف ذات کا تعلق شاعر کی، محض نجی اور داخلی زندگی تک محدود کر دیتے ہیں۔ ان کے نزدیک انکشاف ذات والی شاعری ۔۔۔ کے نشے میں چور ایک ایسے ذہن کی شاعری ہے جسے دنیا و مافیہا کی کوئی خبر نہیں۔ بعض دوسرے لوگ انکشاف ذات کو کوئی ایسا نسخہ سمجھتے ہیں۔ جس کے ذریعہ نیا شاعر، ابلاغ کو مکمل طور پر ختم کر کے قارئین کو الجھن میں مبتلا کر دیتا ہے۔ کچھ اور لوگ انکشاف ذات کو ایک ایسا وارس سمجھتے ہیں جس نے "نئے اور مفید خیالات کا پورا انتظام جو ۱۸۵۷ء کے جدیدادیوں اور حالی و آزاد کے یہاں ملتا ہے" درہم برہم کر دیا ہے۔ نئی شاعری کے سلسلہ میں انکشاف ذات ایک پہلو دار اصطلاح ہے۔ پہلی سطح پر اس کا تعلق یقیناً شاعر کی نجی اور ذاتی زندگی سے ہے۔ نئے شاعروں کے پیش رو شعرا، (خواہ وہ عوامی شاعر ہی کیوں نہ ہوں) اپنے اور عام انسانوں کے بیچ ایک طرح کا یوٹوپیائی فاصلہ رکھتے تھے۔ وہ ذات (وسیع معنیٰ میں) کا اظہار کر کے اپنا پبلک امیج بگاڑنا نہیں چاہتے تھے۔ ان کی زندگی میں کام کاج، محبت، نفرت، کامیابی، ناکامی، غرضکہ ہر چیز کا ایک الگ معیار ہوا کرتا تھا، وہ اکثر و بیش تر ایسے موضوعات کا انتخاب کرتے تھے جس سے عوامی بھلائی کا تاثر پیدا ہو سکے اور شاعر کی شخصیت عوام کی نظروں میں زیادہ قابل قدر اور قابل احترام بن سکے۔ نیا شاعر، میں ایک بار پھر یہی کہوں گا۔ ایک ایمان دار اور بیباک ذہن کا مالک ہے۔ جب وہ اپنی ذات کو موضوع سخن بناتا ہے اور قارئین پر ان کا انکشاف کرتا ہے تو وہ اپنی شاعری میں تمام اس نفسیاتی بحران کو بھر دیتا ہے، جس سے آج وہ دوچار ہے وہ اپنی شخصیت پر جعلی شرافت اور نقلی تہذیب کا پلاسٹر چڑھانے کے بجائے، اپنی بھلی بری اصلی شخصیت کو قارئین کے سامنے پیش کرتا ہے۔ اس طرح نئی شاعری میں نہ صرف شاعر کی ذات کے آسودہ، نا آسودہ پہلو مل جاتے ہیں بلکہ اس شاعری میں شاعر کی انفرادی ذات کی پوشیدہ کمینگیوں، مجروح تمناؤں، کامیاب و ناکام محبتوں، نفسیاتی محرومیوں اور الجھنوں کا اظہار بھی ملتا ہے۔ علاوہ ازیں ہماری نئی تہذیب نے جن بے اعتدالیوں اور بے راہ رویوں کو انسانی زندگی کا جزو لاینفک بنا دیا ہے ان کا ذکر بھی انکشاف ذات والی شاعری میں ملتا ہے۔ انکشاف ذات کے اس مخصوص پہلو کی مختلف سطحوں کی کچھ جھلکیاں ملاحظہ ہوں۔

ہم نے لفظوں سے گوشت اور لباس کی بھیک نہیں مانگی
ہم چاہتے تو لفظوں کو جوڑ کر پل بنا سکتے تھے، لیکن ہم نے پل نہیں بنایا
کیوں کہ آج تک پلوں نے سوائے پار اتارنے کے، کیا کیا ہے۔

(احمد ہمیش : تجدید نمبر ۶)

یہ کائنات ہے میری ہی خاک کا ذرہ — میں اپنے دشت سے گذرا تو بھید پائے بہت (شکیب جلالی)
صرف حشمت کی طلب جاہ کی خواہش پائی — دل کو بے داغ سمجھتے تھے جذامی نکلا (ساقی فاروقی)

جیب خالی ہے
زبان گنگ ہے
دل پتھر ہے
اور آنکھوں کے پیالوں میں ہیں دو لوہے کی گیندیں چسپاں
میں جو اس منظر احساس سے کورا نہ گذر جاؤں تو کیا میرا قصور! (ساجدہ زیدی)

یہ کس طرح کی محبت تھی کیسا رشتہ تھا — کہ ہجر نے نہ رلایا اسے نہ تڑپا میں
امید وصل کے دن کٹ گئے بھٹکنے میں — نہ ہوٹلوں پہ یقیں تھا، نہ گھر گئے ہم تم (انور شعور)

میرا کتا جب مری آنکھوں میں آنکھیں ڈالتا ہے
سوچتا ہوں میرے بارہ میں نہ جانے کیا یہ کتا سوچتا ہو
کیا خبر کس لاشعوری موج میں مجھ نے اک چاقو چھپا کر رکھ لیا ہو
غالباً ہر مسئلہ پر میرے منے میرے کتے کی بھی کوئی رائے ہے
جس سے میں واقف نہیں ہوں ! اور
اگر وہ رائے میری رائے سے بہتر ہوئی، تو!! (بمل کرشن اشک : غم اپنا بھی ہے اور کا بھی سب)

وہ جو رات مجھ کو بڑے ادب سے سلام کر کے چلا گیا
اسے کیا خبر مرے دل میں بھی کبھی آرزوئے گناہ تھی (احمد مشتاق)

جیسے جیسے آگے بڑھتا جا رہا ہوں
ٹوٹتا، مڑتا، سکڑتا جا رہا ہوں

کل
زمیں سے آسماں تک میں ہی میں تھا
آج
اک چھوٹا سا کمرہ رہ گیا ہوں ندا فاضلی : سفنار

صحبتیں خوب ہیں خوش وقتی، غم کی خاطر
کوئی ایسا ہو جسے جان و جگر سے چاہوں
دل میں ہے ملاقات کی خواہش کی دبی آگ
مہندی لگے ہاتھوں کو چھپا کر کہاں رکھوں (کشور ناہید)

نئی شاعری میں انکشاف ذات کی ایک اور سطح وہ ہے، جہاں شاعر اپنی نجی اور داخلی شخصیت سے ہٹ کر، سماجی اور ثقافتی تجربوں میں اپنی ذات کو دریافت کرتا ہے۔ نئے شاعر پر آئے دن سماج دشمنی کا الزام لگایا جاتا ہے۔ اس کی وجہ یہ نہیں کہ نیا شاعر سماج اور عصر زندگی سے واقعی بے تعلق ہے (اس سلسلہ میں اوپر بحث کی جا چکی ہے) بلکہ اس کی اصل وجہ یہ ہے کہ نیا شاعر سماج کو اس مخصوص عینک سے کیوں نہیں دیکھتا جو عینک اس کے پیش رو استعمال کیا کرتے تھے اور یہ کہ نیا شاعر موجودہ معاشرہ کو اس کی موجودہ شکل میں بخوشی قبول کر کے، اسکی قصیدہ خوانی کیوں نہیں کرتا۔ نیا شاعر اس لئے نہیں کرتا کہ وہ اپنی شاعری کو ارباب اقتدار کی قصیدہ خوانی اور دنیاوی جاہ و جلال کے لئے استعمال کرنے کا قائل نہیں ہے۔ ۵ وہ حکومت اور سماج کے

۵؎ اس وقت میرے ذہن میں دو ایک ایسے بھی نئے شاعر ہیں جو بہت ہی معمولی فائدے یا بہت ہی غیر اہم المدد کی خاطر، ایسے حضرات کی تعریف یا تنقیص کرتے ہیں جو اس کے اہل نہیں۔ یہ رویہ انفرادی طور پر تو ان شاعروں کیلئے سود مند ہو سکتا ہے نہ تو نئی شاعری کیلئے۔ اگرچہ ذاتی طور پر میں کسی ایسے رویے کو کسی ادیب یا شاعر کے فن سے متعلق نہیں کرتا یا سمجھتا لیکن یہ ضرور سمجھتا ہوں کہ مکمل ذہنی آزادی کے بغیر ادیب یا شاعر، بہتر چیزیں تخلیق نہیں کر سکتا نئے شاعر کو ہر قیمت اپنی ذہنی آزادی برقرار رکھنی ہے اور اس کے لئے لڑنا چاہئے۔ ایسی لڑائی سے کوئی فائدہ نہیں کہ ہم کسی ایک شکنجہ سے تو آزاد ہو جائیں لیکن دوسرے اتنے ہی خطرناک یا اس سے زیادہ خطرناک شکنجہ کی گود میں پناہ لیں۔

مقابلہ میں، فرد کی مرکزیت اور اس کی اہمیت پر زور دیتا ہے۔ وہ مخصوص سیاسی نظریوں کی غلامی قبول کرنے کی بجائے اگر کوئی نظریہ رکھتاہے یا رکھ سکتا ہے تو وہ ہے انسان دوستی اور انسان پرستی کا نظریہ۔ یہی وجہ ہے کہ نیا شاعر ایک طرف تو امریکی حکومت سے اسکی فاشسٹ پالیسیوں کے سبب سخت نفرت کرتاہے تو دوسری طرف اسے ان امریکی شہریوں، شاعروں ادیبوں اور دانش وروں سے محبت بھی ہے جو امریکی حکومت کی انسان دشمن پالیسوں کے خلاف، تحریری تقریری اور عملی طور پر احتجاج کرتے رہتے ہیں نئے شاعر کو ان امریکی سپاہیوں سے بھی ہمدردی ہے جنھیں ان کی مرضی کے خلاف جنگ کی بھٹی میں جھونک دیا جاتاہے اور جنھیں دشمن فوجیوں کے ساتھ ساتھ معصوم بچوں، بے گناہ عورتوں اور کمزور بوڑھوں کے قتل پر مجبور کیا جاتاہے۔ اسی طرح نیا شاعر چیکو سلوواکیہ پر، روس کے جابرانہ حملہ کی مذمت کرتاہے اور خود کو ان روسی شاعروں اور دانشوروں کا ہم نوا پاتا ہے جنھوں نے ہر قسم کی دھمکی اور مصیبت کی پرواہ کئے بغیر، کھلے طور پر حکومت روس کی مذمت کی ہے۔ مگر ہمارے یہاں نسبتاً عمر رسیدہ شعرا اور ادبا کی بڑی تعداد نہایت ہی مشینی انداز میں دو مختلف خانوں میں بٹ گئی ہے۔ مشروط وفاداریاں، انھیں ایک وقت میں صرف کسی ایک ہی فریق کی مذمت کی اجازت دیتی ہیں اس لئے کہ ایسا کرتے ہوئے ان حضرات کے ذہنوں میں ہمیشہ حکومتیں اور سیاسی پارٹیاں رہتی ہیں، نہ کہ وہ بے بس اور مجبور عوام جو دائیں اور بائیں بازو کی سیاست کا شکار ہوتے ہیں نیا شاعر مظلومین کو (خواہ وہ احمد آباد کے ہوں، یا چیکو سلواکیہ کے یا ویت نام کے) افراد کی حیثیت سے دیکھتا دیکھتا ہے۔ وہ اس قسم کے جارحانہ واقعات کو کسی ایک مخصوص طبقہ یا جماعت کا نہیں بلکہ "انسان" کا نقصان سمجھتا ہے۔ وہ مظلومین کو نہ صرف افراد کی حیثیت سے دیکھتا ہے۔ بلکہ ہر مظلوم فرد کو اپنی ذات سے شناخت (identify) کرتا ہے۔ اس سلسلہ میں صرف ایک چھوٹی سی نظم پیش کرنا چاہوں گا جو کسی مخصوص واقعہ کے پس منظر میں تو نہیں لکھی گئی لیکن جس میں شاعر نے اپنی ذات کو عام مظلومین اور مصیبت زدگان سے شناخت کرنے کا عمل بڑی کامیابی سے برتاہے اور جو نئے شاعر کی انسان دوستی اور انسان پرستی کا ثبوت ہے۔

دکھے ہوئے دل ہیں میرا مذہب میرا عقیدہ

دکھے ہوئے دل

میرا حرم ہیں، میرے کلیسا، میرے شوالے
دکھے ہوئے دل
چراغ میرے گلاب میرے
دکھے ہوئے دل کہ روشنی بھی ہیں اور خوش بو بھی زندگی کی
دکھے ہوئے دل کہ زندگی کا عظیم سچ ہیں
دکھے ہوئے دل جہاں کہیں ہیں
دکھے ہوئے دل مرا ہی دل ہیں
دکھے دلوں کو سلام میرا　　　(عبیداللہ علیم : دکھے ہوئے دل)

اب تک نئے شاعر اور نئی شاعری کے بارہ میں، اوپر جو باتیں کی گئی ہیں، ان سے قارئین کو یہ اندازہ ضرور ہو گیا ہوگا کہ نئی شاعری کا رخ اب بجائے اجتماع کے افراد کی جانب ہے نیا شاعر بھیڑ میں گم ہو جانے پر تنہا رہنے اور اپنی ذات میں گم شدگی کے عمل کو فوقیت دیتا ہے چونکہ گمشدگی اور تنہائی کا جنس (ہ ء ی ک) سے گہرا تعلق ہوا کرتا ہے اس لئے جنسی حقیقت نگاری جدیدیت کی تیسری اہم خصوصیت بن گئی ہے۔ جس طرح آج نئے شاعروں کے متعلق مختلف کونوں سے سماج دشمنی اور تنہائی پسندی وغیرہ جیسے "الزامات" لگائے جا رہے ہیں، اسی طرح انھیں جنس زدہ کہہ کر بھی مطعون کیا جا رہا ہے اور تو اور، اخترالایمان جیسے شاعر (جو خود بڑی حد تک، سماجی سطح پر کم و بیش ایسے ہی حالات سے گذر چکے ہیں، جن سے آج نئے شاعر دوچار ہیں) بھی اس سلسلہ میں نئے شاعروں سے کافی ناراض و نالاں نظر آتے ہیں۔

سخن دروں پہ روؤں جن کے سامنے اس وقت
جو چائے خانوں سے چھوٹیں تو بھوکی آنکھوں سے
زنان شہر کے پستان ناپیں، یا اپنے
اکیلے بیٹھے ہوئے زیر ناف بال گنیں　　　(اخترالایمان : یری آواز)

قطع نظر اس بحث کے، کہ زنان شہر کے پستان ناپنا یا زیر ناف بال گنا، ہم عصر معاشرہ کے بیش تر سفید پوش حضرات کے اعمال ہائے مبارک سے بہتر فعل ہے یا بدتر، مجھے عرض کرنے ہے

کہ جنسی حقیقت نگاری بھی دراصل مردہ روایات اور بے مصرف احساساتی اور تجرباتی ڈھانچوں کے خلاف نئے شاعروں کے احتجاجی رویہ کا ایک حصہ ہے جیسا کہ ہم جانتے ہیں، جنس اردو شاعری میں ایک شجر ممنوعہ کی سی چیز رہی ہے۔ غزل کے لغوی معنی عورتوں سے باتیں کرنا، ہونے کے باوجود، ہمارے سماج کا ڈھانچہ ایسا نہیں تھا کہ مرد اور عورت ایک دوسرے سے یکساں سطح پر مل سکیں۔ سماج میں عموماً عورتیں بیوی ہوتی تھیں یا لونڈی یا طوائف دوست اور محبوب والی حیثیت، عورتوں کو بہت بعد میں ملی۔ اوائل بیسویں صدی سے اور خصوصاً آزادی کے بعد سے، عورتوں کی حیثیت میں تو تبدیلی آئی ہی لیکن عورتوں اور مردوں کے آپسی تعلقات کی نوعیت میں بھی مختلف سطحوں پر خاصہ فرق پڑا ہے۔ ایک طرف اگر علم نفسیات نے جنس کے تعلق سے مختلف انکشافات کئے اور جنسی تعلقات کو از سر نو سمجھنے میں ہماری مدد کی تو دوسری طرف علم حیاتیات نے جنس کے "لولوپن" کو خاصی حد تک کم کر دیا ہے چنانچہ "جنس کی روح جس تلخ دھمک کے ساتھ آج ہمارے ادب میں در آئی ہے وہ کسی لذتی جذبے کی پیداوار نہیں بلکہ ایک پیچیدہ اور روحانی مسئلہ ہے جنس آج اتنا ہی سنجیدہ اور مقدس موضوع ہے جتنا جلال الدین رومی کے عہد میں تصوف تھا۔ آج جنھیں ایک زندہ، تلخ روحانی تجربہ بنی ہوئی ہے۔ اس سے آج کے ادیب کو مفر نہیں۔" ۵

یہ صحیح ہے کہ ابھی نئی شاعری میں جنسی علائم اور استعاروں کے سلسلہ اس فنی چابکدستی کے نمونے بکثرت تو نہیں ملتے جس کی ایک مثال Donald hall کے یہ مصرعے ہیں:

I crouched by the wall ten years
Untill the circle of a woman's darkness
Moved over mine like a mouth.

اور نہ ہی نئی شاعری میں ایسی وافر مثالیں ملتی ہیں، جن میں Miss owen کی سی بے تکلفی اور بے باکی مل سکے، مثلاً

Will you believe Some —
One who Said he

---

۵ انتظار حسین روایت اور تجربہ: (فتح محمد ملک کے مضمون "شاعری نا شاعری" سے نقل کیا گیا ہے۔

Fuck't

Pallas Athena

7 times.

تاہم نئی شاعری میں ایسی کافی مثالیں مل جاتی ہیں جن میں جنس کا استعمال تخلیقی انداز میں ہوا ہے۔ خوشی کی بات ہے کہ نئے شاعروں نے جنسی حقیقت نگاری کو مرد اور عورت کے جسمانی تعلق تک محدود نہیں رکھا بلکہ جنسی روابط اور جنسی دباؤ (sexual repression) سے وابستہ کیفیات کو مختلف طریقوں سے نظم کیا ہے۔ مزید یہ کہ نئے شاعروں نے جنس کو بطور استعارہ سماجی اور ثقافتی تنقید کے لئے بھی استعمال کیا ہے۔ ساتھ ہی ساتھ جنس کے تعلق سے وہ ذہنی آوارگیاں اور جسمانی محرومیاں، جو دراصل جدید تہذیب کے تحفے ہیں، نئی شاعری کا موضوع بنی ہیں۔

جب تک شہوت اور عقیدت زندہ ہے
ٹیکسیوں، رکشوں اور بسوں کی مانگ بڑھے گی۔
اور ہمیں تنگ آ کر پیدل چلنا ہوگا (عباس اطہر)

رگوں میں ناچ رہا ہے اک آتشیں زہراب
تری تلاش فقط جسم کا تقاضہ ہے
تری طلب کے جہنم میں جل رہا ہے بدن
لہو پکارتا ہے۔ کیا سنا نہیں تو نے
کہ میں نے روح کی دیوار ہی گرادی ہے (ساقی فاروقی : دیوار)

نازک بدن، بدن کے افق پر پڑے بھنور دو نیم وا گلاب کھلے ایک ڈال پر
دیوی ہے تو نہ مجھ میں ہیں بیٹیوں کے وصف مت سٹ پٹا کے اٹھ کے عروج کمال پر (ناصر شہزاد)

لیکن جو ٹھیک پوچھو
یارو تو آسماں پر
کوئی خدا نہیں ہے
تیرا خدا جدا ہے

میرا خدا جدا ہے
میرے لئے تو یارو
لڑکی کا خوب صورت
ننگا بدن خدا ہے (زاہد ڈار)

سبھی کچھ ہمارے مقدر میں تھا
عورتیں بھی، شرابیں بھی عشرت گہیں بھی
مگر جسم مفلوج تھے ـــــ اور تخیل
عروج تلذذ کے نقطے پہ مرکوز تھا
اور آنکھیں
چمکتے ہوئے سرخ فانوس کی روشنی پر گڑی تھیں (فہیم جوزی: نیا شہر)

میں نے جب کپڑے پہن کر بے سبب زلفیں سنواریں، لب سنولائے
چیونٹیاں سی چل رہی تھیں

اور اب تک چیونٹیاں سی چل رہی ہیں
آج جب میں درد کی دعوت میں شامل ہو رہی ہوں
کس لئے اس بے ضرر سرخ ٹیریلین کی ساری سے اپنا جسم ڈھانپوں
کل جو اس نے پیش کی تھی،
راج! وہ شلوار دینا
جس پہ پرسوں رات سکھ کے ظلم کا پیارا نشاں تھا
اب جو مدھم پڑ گیا ہے :ـــ

(بمل کرشن اشک: ایک نظم)

جنس کے تعلق سے نئے شاعروں کے رویے کے چند پہلوان مثالوں کے ذریعہ پیش کئے گئے ہیں۔ میرے خیال میں ان مثالوں میں کہیں جنسی گھٹن اور جنس زدگی جیسے عناصر نہیں ملتے جس کے لئے نئے شاعروں کو برا بھلا کہا جاتا ہے۔ نہ ان میں محض پرورژن کی

وہ خصوصیت ہے جس کی مثال ہمیں میراجی کے یہاں ملتی ہے۔ یوں جنس کے ابھی اور بھی کئی پہلو ہیں جن کی طرف نئے شاعروں کو توجہ کرنی چاہیئے۔ ایک جنس ہی پر کیا موقوف، ہماری پوری زندگی میں ہزاروں بلکہ لاکھوں موضوعات بکھرے پڑے ہیں! ابھی حال ہی میں قاضی سلیم نے "لاولدیت" کے موضوع پر ایک بہت ہی عمدہ نظم لکھی ہے اس نظم میں ایک بے اولاد شخص کی زندگی کا سارا درد و کرب جمع کر دیا گیا ہے اور جس طرح ایک بالکل ہی نئی زمین کو توڑا گیا ہے وہ نئی شاعری کے لئے خوش آیند بات ہے۔ اس نظم کے آخری چند مصرعے دیکھئے۔

نیند سے نکلو
— مگر کون ہے
دھری آواز
بائیں پسلی سے بھلا کیوں ابھری
کاٹ کر دانتوں سے انگلی دیکھیں
زخم کی کوکھ میں تو تیری شباہت ہوگی
(قاضی سلیم)

بالکل اسی طرح حاملہ بیوی کا پھیلتا ہوا پیٹ بھی نظم کا موضوع بن سکتا ہے۔ کہنے کا مطلب یہ ہے کہ نئی شاعری کی ترقی اور وسعت کا دار و مدار ہیئت اور اسلوب سے زیادہ، موضوع کے انوکھے پن اور ندرت پر ہوگی۔ نئے شاعروں نے اردو شاعری کے لئے قابل قدر کام کیا ہے لیکن انھیں ابھی بہت کچھ کرنا ہے۔ میں یہاں کسی خاص شاعر یا دو ایک شاعروں کو single out کرنا نہیں چاہوں گا لیکن سبھی نئے شاعروں کو چاہیئے کہ وہ تھوڑی دیر کے لئے رک کر دروں بینی (Introspection) سے کام لیں۔ اگر وہ یہ سمجھتے ہیں کہ ان کے پاس نئے موضوعات کا خزانہ ختم ہو گیا ہے اور وہ اپنے آپ کو دہرانے لگے ہیں، تو بہتر ہے کہ شعر نہ کہیں، کیوں کہ دہرانے سے رسائل کے صفحات تو برباد کئے جا سکتے ہیں لیکن شعری ساکھ میں کوئی اضافہ نہیں ہو سکتا۔ خیر ان باتوں سے الگ ہٹ کر ایک بار پھر یاد دلاؤں کہ نئی شاعری اور اس کی جدیدیت کی خصوصیتیں ہیں: برگشتگی، انکشاف ذات اور جنسی حقیقت نگاری۔ کیا اب بھی ان حضرات کو جو وقتاً فوقتاً نئے شاعروں کی فہرست میں اپنا نام ڈال دیتے ہیں، اپنے نئے شاعر نہ ہونے کا یقین نہیں آیا ــــ؟

چٹان اور پانی (مضامین)

فضیل جعفری

چٹان اور پانی

فضیل جعفری

نئی نظم کی زبان

ہر زمانے کی نئی شاعری عصری زندگی کی روحانی اور جذباتی سوانح عمری ہوتی ہے۔ نیا شاعر اپنے زمانے کے ان حالات و مسائل سے بھی بخوبی واقف رہتا ہے، جن سے عموماً اسی زمانے میں رہنے والے دوسرے لوگ اپنی قدیم جذباتی وفاداریوں کے سبب واقف نہیں ہونا چاہتے۔ آج کا نیا شاعر خواہ وہ اردو کا ہو یا کسی اور زبان کا 'حال' کے خم و پیچ سے اچھی طرح واقف ہے، اس کا فن ایک ایسا آئینہ ہے جس میں ہم آپ ظاہری ہی نہیں بلکہ اپنی باطنی شکلیں بھی دیکھتے ہیں۔ نئی شاعری شاعری یقیناً ہمیں اپنے زمانے اور اپنی زندگی کو وسیع تر پیمانہ پر سمجھنے میں، ہماری مدد کرتی ہے۔ ان باتوں میں صداقت ہے لیکن نئی شاعری کے صدہا قارئین یا تو اس صداقت کو محسوس ہی نہیں کرتے یا پھر بہت ہی معمولی طور پر محسوس کرتے ہیں۔ نئی شاعری کے یہ قارئین اکثر یہ تبصرہ کرتے ہوئے پائے گئے ہیں کہ اس شاعری میں انھیں 'روح عصر' نہیں ملتی۔ یہ نئی شاعری نہ تو ان کے جذبات و احساسات کو برانگیختہ کرنے کی صلاحیت رکھتی ہے اور نہ ہی کسی بھی طرح یہ زمانہ و ماحول کو سمجھنے میں مددگار و معاون ثابت ہوتی ہے۔

برخلاف اس کے اکثر قارئین کو نئی شاعری (خصوصاً نئی نظم) بدہیئت گندی مبہم اور کبھی کبھی مہمل ہوتی ہے۔ نظم کے بیشتر نئے شاعروں پر فی زمانہ سب سے بڑا الزام یہ ہے کہ ان کے یہاں ترسیل کی کمی ہے۔ یہاں یہ کہنا حماقت ہوگی کہ نئے نظم گو ترقی پسند شاعروں (فیض، مخدوم، سردار وغیرہ) یا جدید شاعروں (میراجی، راشد اخترالایمان وغیرہ) کی بہ نسبت مشکل اور مبہم نہیں ہیں۔ یقیناً ہیں، اور ان کی شاعری کے ایک خاصے بڑے اور وسیع حصہ کو پڑھنے اور سمجھنے اور پوری طور پر لطف اندوز ہونے میں خاصی دشواریاں پیش آتی ہیں۔ یہاں یہ سوال اٹھتا ہے کہ کیا نئے شاعر اپنے احساسات وخیالات کا اظہار مروجہ لسانی اور ہیئتی حدود میں نہیں کر سکتے؟ میں سمجھتا ہوں نہیں۔ کسی بھی زمانے میں نئی شعری زبان، بلاوجہ یا محض تکمیل شوق کے طور پر نہیں تخلیق کی جاتی بلکہ ہمیشہ ہی نئی شعری زبان، احساسات وجذبات کی تبدیلیوں کا نتیجہ ہوتی ہے۔ نیا شاعر دراصل داخلی ضرورتوں سے مجبور ہو کر لسانی تبدیلیاں کرتا ہے۔ شعری زبان کی تبدیلی نئے رجحانات ومیلانات نیز سوچنے سمجھنے کے انداز بدل جانے کا فطری ردعمل ہوتی ہے۔ اگر ہم ان نئے اور بدلے ہوئے حالات پر غور کریں تو "پہلے تناظر میں ہم یہ دیکھتے ہیں کہ نیا انسان اپنے آپ کو جڑ سے اکھڑا ہوا اور تنہا محسوس کرتا ہے۔ اس کی کوئی محفوظ ومستحکم (سماجی) حیثیت نہیں۔ وہ اپنی برادری سے کٹ چکا ہے اور اس کے سامنے کوئی واضح اخلاقی مقصد نہیں۔ ایک طرح کی بیگانگی کا احساس اس کا سب سے بڑا احساس ہے۔ ہر قسم کے استحکام اور شعوری دلائل سے دور یہ نیا انسان اپنے آپ کو مابعد الطبیعاتی طور پر چاروں طرف سے نرغہ میں گھرا ہوا پاتا ہے اور ایک فرد کی حیثیت سے خود کو اتنا طاقتور نہیں پاتا کہ وہ دنیا سے مزاحمت کر سکے۔"[1] یہاں ممکن ہے بعض ایسے لوگ جو مغرب ومشرق کے ادب سے یکساں ناواقف ہونے کے باوجود، نام کی اشاعت کی خواہش سے مجبور ہو کر رسالوں کو نہایت پابندی سے تنقیدی، خطوط لکھتے ہیں، یہ کہیں کہ صاحب یہ حالات تو یورپ کے ہیں اور اس قسم کی رائیں مغرب کی نقالی کے سوا کچھ نہیں۔ چنانچہ اس قسم کے اسٹنٹ قارئین کی خدمت میں یہ عرض ہے کہ ایسے مشرقی نقاد بھی جو کسی مخصوص سیاسی نظریہ کے غلام نہیں ہیں ان باتوں اور ان کے پیچھے چھپی ہوئی تلخ حقیقتوں کو بخوبی سمجھتے ہیں مثلاً آل احمد سرور کا یہ کہنا کہ "سماج میں گروہ بندی، مذہب کی بندشوں اور روایت سے رشتہ کا ڈھیلا ہونا، تبدیلیوں کی تیز رفتاری، یہ سب باتیں شاعر کو اپنی دنیا اور گرد وپیش کی دنیا میں تعلق پیدا کرنے سے روکتی ہیں۔

[1] Robert A. Nisbet: The Socialogical Traditioz P.265

وہ اپنے آپ سے اپنا رشتہ قائم نہیں کر پاتا۔ تنہائی سے گھبرا کر وہ اور زیادہ تنہائی کی منزلیں طے کرتا ہے۔" اس بات کا واضح ثبوت ہے کہ اردو کے نئے شاعروں کے یہاں تنہائی یا بیگانگی اس کے اپنے مسائل ہیں، نہ کہ مغرب کی نقالی۔ مغرب و مشرق کے تعلق سے یہ چند اشعار بھی ملاحظہ ہوں۔

زندگی ایک زمیں ایک ہے انساں بھی ایک
فکر کا بحر بھی، جذبات کا طوفان بھی ایک

وہی سورج ہے، وہی چاند ہے، تارے ہیں وہی
نیلے آکاش کے گل رنگ کنارے ہیں وہی

شرق سے غرب تلک وقت کی پرواز ہے ایک
دل جو سینوں میں دھڑکتے ہیں تو آواز ہے ایک

باغ مغرب ہو کہ مشرق ہو، ہوا ایک سی ہے
سرد، یا گرم، بہر حال فضا ایک سی ہے

(سردار جعفری: مشرق و مغرب)

مندرجہ بالا اقتباسات سے، مشرق و مغرب کے آپسی تعلقات کے ساتھ ساتھ ایک بات یہ بھی واضح طور پر سامنے آجاتی ہے کہ نیا انسان روحانی اور جذباتی لحاظ سے ایک اجڑا ہوا اور دکھی انسان ہے۔ ساتھ ہی ساتھ اس نئے انسان نے خود آگہی کی وہ منزلیں بھی طے کرلی ہیں جو ہمارے اجداد کے لئے ممکن نہ تھیں۔ ہمارا ذہنی رویہ نہ صرف دنیا کے بارہ میں بلکہ خود اپنے بارہ میں بہت کچھ تبدیل ہو چکا ہے۔ موجودہ کائنات کی تقریباً مرکزی حقیقت خود آگہی و خود شناسی ہے۔

حالات کی اس خطرناک الٹ پلٹ اور رد و بدل نے نئے شاعروں کو بجا طور پر یہ احساس دلایا کہ مروجہ شعری زبان ان کے پیچیدہ جذبات و خیالات کے اظہار کی اہل نہیں ہو سکتی۔ چناں چہ ایک نئی شعری زبان کی تخلیق شروع ہوئی اور ہوتی بھی کیوں نہ۔ کیوں کہ بقول John Holloway ہر نیا دور اپنی شاعری کی ایک الگ زبان تخلیق کرتا ہے، اگرچہ کہ بدلے ہوئے حالات میں (نئی شعری زبان کے ساتھ) ایک ایسی شعری زبان بھی رائج رہتی ہے، جس کی جڑیں ماضی میں پیوست رہتی ہیں اور ماضی کے بڑے شاعر جس کے تمام امکانات کو پہلے ہی ختم کر چکے ہوتے ہیں اور جو لوگ بدلے ہوئے حالات میں بھی اسی پرانی زبان کے استعمال پر زور دیتے ہیں وہ در حقیقت منشیانہ ذہنیت Clerical mentality کے مالک ایسے لوگ ہوتے ہیں جو پرانی زبان کے استعمال کے ذریعہ اپنے سماجی مرتبہ کو بلند کرنا چاہتے ہیں۔ ان میں سے اکثر حضرات کے ساتھ ایک مصیبت یہ بھی ہوتی ہے کہ یہ فرق

اپنے پرانے پن سے ناواقف ہوتے ہیں بلکہ خود کو نیا کہلوانے کی طفلانہ ضد بھی کرتے ہیں۔ ۵۲

اردو کے نئے شاعروں کو ورثہ میں جو شعری زبان ملی وہ ایک طرف تو ترقی پسند شاعری کی زبان تھی اور دوسری طرف میراجی گروپ کی زبان تھی جو ترقی پسند شاعری کی زبان سے بہت کچھ الگ ہوتے بھی بہت کچھ ویسی ہی تھی۔ ترقی پسندوں کا شعری زبان کے سلسلہ میں معیاری رویہ یہ تھا کہ شاعری کی زبان آسان ہونی چاہئے یعنی شعر کی زبان جتنی بول چال کے قریب ہوگی اتنی ہی آسان ہوگی تشبیہ و استعاروں کی بھی بڑی اہمیت ہے۔ اگر وہ محض روائتی اور فرسودہ نہ ہوں، اور زندگی اور گردو پیش کے ماحول سے لئے گئے ہوں تو وہ شعر کو آسان اور عام فہم بنا دیتے ہیں"۔ ۵۳ شعر کی زبان کو عوامی زبان کے قریب لے جانے کے شوق نے ہمارے ترقی پسند بھائیوں سے "بول کہ لب آزاد ہیں تیرے" "ہم بھی دیں گے اب تمھیں جوتے سے جوتے کا جواب/ مارے ساتھی جانے نہ پائے" جیسے نعرے اور گالیاں لکھوائیں لیکن شاعری فی الحقیقت عوامی زبان کے قریب نہ جا سکی۔ ظ۔ انصاری نے اس حقیقت کا اعتراف یوں کیا ہے: "واقعی ہمارے ترقی پسند شعراء کے یہاں جاگیرداری دور کے گل و بلبل کا ذکر بہت آتا ہے لیکن اگر یہ لفظ نکال دئے جاتے تو بڑی مشکل ہوتی۔ ایک تو کئی اچھے شعر کم ہو جاتے دوسرے بہت سی باتیں جو اس پردہ کی اوٹ میں کہہ دی جاتی ہیں، کہنے کو رہ جاتیں اور اگر کہی بھی جاتیں تو انھیں بھدے طریقے سے بار بار دہرانا پڑتا، جس کے بعد شعر، شعر نہ رہ جاتا، الجبرے کا سوال بن جاتا"۔ ۵۴ لیکن افسوس کہ یہ بیچارے گل و بلبل بھی ترقی پسند شاعری کے ایک خاصے حصہ کو الجبرے کا سوال بننے سے نہ روک سکے۔ گل و بلبل کے علاوہ، ترقی پسند شاعروں نے، انقلاب، مزدور، سرمایہ کے دلال، گھن گرج، توپ، بندوق، سنگین، دار و رسن، گردش ایام، شعور، تلاطم، آدم نو، ظلمت شب، سرخ سحر، محنت کش، خون، کسان، لہو، مفلسی، آگ، برق و باراں، تجارت اور ایسے ہی دوسرے سو، سوا سو لفظوں اور ترکیبوں کو بار بار اور ایک ہی انداز میں اس طرح برتا کہ ان لفظوں اور ترکیبوں کی رہی سہی وقعت بھی جاتی رہی۔ ویسے اگر ان لفظوں اور ترکیبوں کا نفسیاتی مطالعہ کیا جائے تو یہ معلوم ہوگا کہ ان الفاظ اور تراکیب کی مدد سے کی جانے والی شاعری یقیناً پُرشور، بلند آہنگ اور سطحی وجذباتی با

---

۵۲ The Colours Of Charity PP 85, 86

۵۳ سردار جعفری: ترقی پسند ادب (دوسرا ایڈیشن) صفحہ ۲۶۳ ۵۴ ظ۔ انصاری: زبان و بیان صفحہ ۸۲

سے بھرپور شاعری ہوگی۔ ترقی پسند نظم نگاروں کو جوش ملیح آبادی کی شعری زبان اور ڈکشن نے بھی زبردست نقصان پہنچایا۔ یہ چند اشعار ملاحظہ ہوں:۔

کون ہل؟ ظلمت شکن قندیل بزم آب و گل — قصر گلشن کا دریچہ سینۂ گیتی کا دل
خوش نما شہروں کا بانی، راز فطرت کا سراغ — خاندان تیغ جوہر دار کا چشم و چراغ
دھار پر جس کی چمن پرور شگوفوں کا نظام — شام زیر ارض کو صبح درخشاں کا پیام
ڈوبتا ہے خاک میں جو روح دوڑاتا ہوا — مضمحل ذروں کی موسیقی کو چونکاتا ہوا
جس کے چھو جاتے ہی مثل نازنین مہ جبین — کروٹوں پر کروٹیں لیتی ہے لیلائے زمیں

(جوش۔ کسان)

بلند بانگ صفتوں اور پرشکوہ ترکیبوں سے بھرپور ان اشعار میں کیا نہیں۔ فصاحت، بلاغت، شوکت لفظی، ندرت تخییل سبھی کچھ موجود ہے۔ لیکن اگر کچھ نہیں ہے تو وہ ہے اصل موضوع یعنی "ہل"۔ جو لفظوں کے سیلاب میں اس طرح بہہ جاتا ہے کہ قاری کے دل و دماغ میں 'ہل' کا کوئی امیج نہیں بن پاتا۔ جوش کے بعد اگر ہم سردار جعفری کے ان اشعار کو پڑھیں:

لے کے آیا ہوں زمانے کے لئے پیغام گل — میں ہوں خوش بوئے چمن پیغمبر فصل بہار
میں غلامی کے اندھیرے میں ہوں آزادی کا نور — میں حق و باطل کی پیکاروں میں تیغ آب دار
موت کی پرہول وادی میں ہوں طوفان حیات — غم کے سینے پر مسرت کا سنہرا آبشار
میں انیس شام ہجراں، میں ندیم صبح وصل — میں شریک بزم عشرت میں رفیق کارزار
میں ہوں صدیوں کا تفکر میں ہوں قرنوں کا خیال — میں ہوں ہم آغوش ازل سے میں ابد سے ہم کنار

تو معلوم ہوتا ہے کہ سر مو بھی جوش کا دامن نہیں چھوٹا، وہی سہما دینے والی تراکیب، وہی لفظی بازیگری اور وہی معنی کا فقدان۔ طوالت کے خوف سے یہاں مزید حوالوں سے احتراز کرتے ہوئے یہ کہوں گا کہ بحیثیت مجموعی 'جوش کی طرح' بیشتر ترقی پسندوں کی شعری زبان کا مزاج جاگیردارانہ بلکہ آمرانہ نظر آتا ہے۔ منطقی زبان، لہجہ کی ڈانٹ ڈپٹ اور موٹے موٹے الفاظ و تراکیب کے ذریعہ ترقی پسندوں نے قارئین (زیادہ تر سامعین) کو مرعوب تو ضرور کیا لیکن انہیں اس روحانی خوشی اور انبساط سے محروم کر دیا، جو قاری، کسی نظم کو اپنے طور پر پڑھ کر اور اپنے طور پر سمجھ کر حاصل کرتا ہے۔ شعری زبان کے تعلق سے ہمیں ترقی پسندوں اور راشد اور یوسف ظفر وغیرہ کی شاعری میں گہری مماثلت نظر

آتی ہے۔ ان سبھی حضرات نے الفاظ کو عموماً ان کے لغوی معنی میں استعمال کیا اور مختلف لفظوں میں چھپی ہوئی گہرائیوں تک پہنچنے کی کوشش نہیں کی۔ ان شعراء نے وقتاً فوقتاً خوب صورت تراکیب، خوش آہنگ الفاظ اور تشبیہات واستعارات کا استعمال تو کیا مگر بسا اوقات یہ تمام خصوصیات، شعر کے ظاہری حسن اور سطحی زور بیان میں اضافہ کرنے کے سوا کچھ نہ کر سکیں۔ لیکن یہ سب کچھ تو اس سخت سے سخت تنقید کا ایک نمونہ ہے، جو پچھلی نسل کے ان شعراء کی شعری زبان کے تعلق سے کی جا سکتی ہے۔ ورنہ اسی ترقی پسند شاعری کا ایک حصہ فیض اور مخدوم کی شاعری ہے سردار جعفری کی پتھر کی دیوار کی نظمیں، جاں نثار اختر اور ندیم قاسمی کی کئی نظمیں ہیں، جن میں زبان کا تخلیقی استعمال ملتا ہے۔ ہم دیکھتے ہیں کہ فیض و مخدوم کی شاعری کے موضوعات تقریباً وہی ہیں جو دوسرے ترقی پسندوں کے پسندیدہ موضوعات رہے ہیں۔ لیکن شاعرانہ مرتبہ میں زبردست فرق کی وجہ شاید یہ ہو کہ "لفظ مقصود بالذات نہیں بلکہ اظہار کا ایک وسیلہ ہے۔ ایک عظیم شاعر لفظ کو یوں استعمال کرتا ہے کہ یہ اس کی شخصیت کے مقابلہ میں پسِ دست پا ہو کر رہ جاتا ہے لیکن معمولی شاعر کو پاکر لفظ دلیر ہو جاتا اور اس کی شخصیت پر چھا جاتا ہے"[۵] چنانچہ خصوصی طور پر فیض کی شاعری کی زبان، ان کے تمام ہم عصروں کی شاعری کی زبان سے الگ تھلگ نظر آتی ہے۔ فیض کی شاعری کا مطالعہ ہمیں بلیک مُر کے اس قول کی یاد دلاتا ہے کہ "اچھے شعراء پہلے سے موجود زبان کو اس طرح استعمال کرتے ہیں کہ وہ ان کی اپنی تخلیق معلوم ہو"[۶] فیض نے شاعری کے ذخیرۂ الفاظ میں، بالکل نئے الفاظ داخل تو نہیں کئے لیکن پہلے سے موجود الفاظ کی مدد سے نئی اور تازہ تراکیب ضرور تخلیق کیں۔ اگر ہم حبیب عنبر دست، شام ستم، آبشار سکوت، احمریں آنکھیں، ہونٹوں کے سراب، یاد کا ہاتھ، شفق کی راکھ، درد کا چاند وغیرہ کے اجزائے ترکیبی کو الگ الگ کرکے دیکھیں تو یہ بیحد روائتی چیزیں نظر آئیں گی۔ لیکن یہی الفاظ جب مرکبات کی شکل اختیار کرتے ہیں تو نہ صرف ان کی ظاہری اور معنوی ہیئت بدل جاتی ہے بلکہ ایک استعاراتی اور علامتی شان بھی آجاتی ہے۔ فیض کے علاوہ، گذشتہ شعری نسل سے تعلق رکھنے والے شعراء جنھوں نے شعری محاورہ اور لسانی ڈھانچوں کو بدلا اور نئی شاعری کے لئے سازگار فضا تخلیق کی ان میں اختر الایمان اور میراجی خصوصی اہمیت کے مالک ہیں۔ اختر الایمان نے شعر کی ظاہری چمک دمک کے بجائے معنوی تہہ داری کی طرف توجہ دی۔ چنانچہ ان کے یہاں خاصی تعداد میں ایسے الفاظ اور تراکیب مل جاتی ہیں جو بظاہر تو خطرناک حد تک کھردری اور درشت ہوتی ہیں لیکن جو شعر کو ایک خاص طرح کی داخلی موسیقی سے آشنا کرتی ہیں۔ بیک نظر ہمیں اختر الایمان کے یہاں، تار گھر، بجلی کا کھمبا، حلاّم، فعل قبیح،

---

۵ ڈاکٹر وزیر آغا "اردو شاعری کا مزاج" صفحہ ۳۵۳

R.R Blockmur : Form and valve in Modern Poetry P 183

ابن الوقت، ہذیان کار، چوس، مدک، کوکین، گوسفند، بوزنہ، دام تزویر، بدرقہ، احمق، سفلہ، دقمی، خرِ خاش شغال، گرگ، حشرات الارض، اصطبل، خرپانگ، جیسی غیر شاعرانہ ترکیبیں اور الفاظ مل جاتے ہیں۔ یوں اگر دیکھا جائے تو کسی لفظ یا کسی خاص ترکیب کا نظموں میں استعمال کیا جانا بذات خود کوئی بہت بڑی بات نہیں ہے لیکن اختر الایمان کی لفظیات کی بڑی خصوصیت یہ ہے کہ ان کے یہاں کسی بھی لفظ یا ترکیب کا میکینکل استعمال نہیں ملتا، اور نہ ہی ان کی شاعری میں یہ الفاظ و تراکیب محض ٹھوس تمائلس کا درجہ رکھتے ہیں۔ ان کے یہاں لفظوں، ترکیبوں نیز جملوں اور مصرعوں کی نحوی ساخت کا شعر کی داخلی ہیئت اور موضوعات سے ہمیشہ ہی بہت قریبی رشتہ رہتا ہے۔ زبان و بیان اور موضوعات دونوں کے لحاظ سے اختر الایمان کے مقابلہ میں میرا جی نے زیادہ ذہانت اور زیادہ بے جگری کا مظاہرہ کیا۔ اردو کے نئے شاعروں کے لئے میرا جی کی حیثیت کم و بیش وہی ہے جو انگریزی کے نئے شاعروں کے لئے، کسی زمانے میں ہاپکنز (HOPKINS) کی تھی۔ میرا جی نے زبان کو اظہار ذات کا ذریعہ جانا اور جیسا کہ ہم جانتے ہیں، میرا جی کی ذات بے حد پیچیدہ اور پہلو دار تھی، اس لئے شعوری طور پر انھیں، اظہار ذات کے لئے، پیچیدہ استعاروں اور علامتوں کا سہارا لینا پڑا۔ میرا جی کا کارنامہ یہ ہے کہ انھوں نے 'انحطاط پسند'، اور 'جنس زدہ'، وغیرہ خطابات سے قطعاً نہ گھبراتے ہوئے، ترقی پسندوں کی مصنوعی دھمی تشخ کے مقابلہ میں، علامتوں کے استعمال اور شعری پیکر تراشی پر زور دیا وہ بڑی حد تک، اردو شاعری کو لفظی قطعیت سے نجات دلوانے، اور ایک لچک دار مکالماتی زبان دینے میں کامیاب رہے۔ اگر میرا جی کچھ دنوں اور زندہ رہتے تو حالات زمانہ کے سبب ان کی شاعری کی زبان یقیناً زیادہ مشکل اور زیادہ پیچیدہ ہو جاتی۔ میرا جی اور اختر الایمان کے علاوہ جن شاعروں نے اپنی نفسیاتی ضرورتوں اور داخلی مجبوریوں کے تحت، شاعری کی زبان میں واضح تبدیلیاں کیں، ان میں مجید امجد اور مجید امجد سے زیادہ اہم نام منیر نیازی کا ہے۔ یہ سب کچھ ٹھیک ہے لیکن حقیقت یہ ہے کہ نئی نظم زبان کے لحاظ سے جو شعری روایت قائم کر رہی ہے، وہ اپنے پیش رو شعرا کے مقابلے میں نہ صرف الگ بلکہ بے حد الگ ہے اس لئے کہ نئے شاعروں کی زندگی اور ان کے مسائل اپنے پیشروؤں سے مختلف ہیں۔ نیا شاعر حیات و کائنات سے متعلق مسائل کو کسی مخصوص سماجی نظریہ یا سیاسی عینک کی مدد سے نہیں بلکہ ایک فرد کی حیثیت سے دیکھتا اور سمجھتا ہے۔ یہی وجہ ہے کہ خواہ شعری موضوعات ہوں، یا زبان و بیان کے مسائل، نئے شاعروں نے کسی ایک معیار کو من حیث القوم نہیں اپنایا۔ موضوعات کی طرح شعری زبان کے سلسلے میں بھی ہمیں نظم میں کئی دھارے اور ان دھاروں کو کاٹتے ہوئے دوسرے دھارے نظر آتے ہیں، ویسے

بعض مشترک خصوصیتوں کی بنا پر، نئی نظم کی زبان کا یقیناً ایک مجموعی کیریکٹر بھی ہے اگر مجھے نئی نظم کی زبان کے اس مجموعی کردار کے بارے میں کچھ تھیوریٹیکل قسم کی باتیں کرنے کی اجازت دی جائے تو میں یوں کہوں گا کہ زبان کے معاملہ میں نئے نظم نگاروں کا رویہ کم و بیش وہی ہے، جو جدید ماہرین نفسیات کا ہو سکتا ہے۔ نیا شاعر عموماً اس بات پر زور دیتا ہے کہ شعری زبان کو انسان کے اندرونی کرب اور داخلی انتشار کو من و عن بیان کرنے قابل ہونا چاہیے۔ چنانچہ مستعمل اور فرسودہ انداز بیان نیز زبان کے بنے بنائے سانچوں میں ان کے لئے کوئی کشش باقی نہیں رہ گئی۔ گذشتہ چند برسوں میں نئے شاعروں نے اظہار بیان کی نئی سمتوں اور جہتوں کی تلاش و دریافت کی طرف شعوری توجہ کی ہے اور یہ اتنا ہی فطری عمل ہے جتنا لباس کے سلسلہ میں فیشن کی تبدیلی ان چند برسوں میں نئے شاعروں نے مروجہ زبان کو مورخ سمجھتے ہوئے، نہایت جی داری سے شعری ہیئت، لفظیات، امیجری، اور ڈکشن میں قابل قدر تجربے ہوئے ہیں۔ خاص طور پر علامتوں اور امیجز کا آزادانہ استعمال نئی شعری زبان کے سلسلہ میں ریڑھ کی ہڈی کی سی حیثیت رکھتا ہے۔ یوں تو پچھلی نسلوں کی شاعری میں بھی علامتوں اور امیجز کا استعمال مل جاتا ہے لیکن وہاں اول تو ان کا استعمال بہت ہی محدود دائرہ میں ہوا ہے، دوسرے بسا اوقات ان کی حیثیت صرف تلمیحی سی رہی ہے۔ نظم کے نئے شاعروں نے امیجری اور علامتوں کے پوشیدہ خزانوں کو دریافت کرنے اور انھیں بروئے کار لانے میں نہ صرف گہری دل چسپی اور شفقت کا اظہار کیا ہے بلکہ انھیں اپنی نظموں میں کامیابی سے برتا بھی ہے۔ علامتوں اور امیجز کا ہی نتیجہ ہے کہ اب شاعری میں سپاٹ بیانیہ انداز اور منطقی توضیحات کے بدلے اشاریت اور رمزیت جیسی خصوصیات ملتی ہیں انسانی زندگی کی روز افزوں مادی اور روحانی پیچیدگیوں نے نئے شاعروں کے لئے یہ تقریباً ناممکن بنا دیا ہے کہ وہ اس ایک خاص طرح کی زبان میں شاعری کر سکیں جو در اصل تسلسل (Coherence) اور مخصوص عقائد کی قبولیت کا نتیجہ ہوتی ہے۔ اسی طرح نظم کے نئے شاعروں کے پاس مقررہ اور متعینہ استعاروں علامتوں اور تشبیہوں کا پہلے سے موجود کوئی ایسا ذخیرہ بھی نہیں ہے جس سے کبھی نئے شاعر ہر موقع پر اور ہر طرح کے حالات میں فائدہ اٹھا سکیں نتیجتاً نئے شاعروں کے لئے انفرادی طور پر نئے استعاروں، نئی علامتوں اور نئے امیجز کی تخلیق ناگزیر ہو جاتی ہے یا پھر انھیں، ان عناصر کے پہلے سے موجود ڈھانچوں کی توڑ پھوڑ اور از سر نو تشکیل کرنی پڑتی ہے۔ متذکرہ بالا مشترکہ خصوصیات کو ذہن میں رکھتے ہوئے اگر ہم نئی نظم کی زبان کا جائزہ لیں تو ہمیں واضح طور پر دو طرح کے ذہنی رویوں کی موجودگی کا احساس ہوتا ہے۔ اس سلسلے میں اگر مجھے سیاسی محاورے کے استعمال کی اجازت دی جائے تو میں یہ کہوں گا شعری زبان کے تعلق سے پہلا ذہنی رویہ انتہا پسندی

(Extremists) کا اور دوسرا اعتدال پسندوں (Moderates) کا ہے۔ یہاں میں یہ عرض کردوں کہ میرے نزدیک دونوں ذہنی رویے مناسب اور قابل قدر ہیں جو لوگ ایک وقت میں صرف ایک ہی طرح کے شعری لہجہ اسلوب اور زبان کے عادی ہیں ان کی سمجھ میں یہ بات نہیں آتی کہ بیک وقت افتخار جالب، شاذ تمکنت اور بشر نواز کیسے نئے شاعر ہو سکتے ہیں۔ اس بیماری میں دوسرے تو خیر، خود کچھ نئے شاعر بھی مبتلا نظر آتے ہیں۔ وہ افتخار جالب یا احمد ہمیش کو محض اس لئے نیا شاعر تسلیم نہیں کرتے کہ ایسا کرنے سے کہیں ان کی اپنی شاعری کا جواز نہ ختم ہو جائے۔ حالانکہ حقیقت یہ ہے کہ اسالیب، لہجوں اور مضامین کا تنوع نیز مختلف ذہنوں مختلف سمتوں میں سفر، نئی شاعری کی وہ بنیادی صفات ہیں جو اسے ترقی پسند شاعری سے ممتاز و ممیز کرتی ہیں۔

شعری زبان کے سلسلہ میں انتہا پسندانہ ذہنی رویہ کی نمائندگی افتخار جالب، عباس اطہر، احمد ہمیش، عادل منصوری، نذیر ناجی، حمدون عثمانی، انیس ناگی، وہاب دانش اور اختر یوسف وغیرہ کرتے ہیں اسی طرح اعتدال پسندوں کی نمائندگی، وزیر آغا، قاضی سلیم، باقر مہدی، شاذ تمکنت، براج کومل، بشر نواز، ندا فاضلی، ساقی فاروقی، کمار پاشی، عمیق حنفی، زاہد ڈار، شہاب جعفری، محمد علوی، شہریار، بل کرشن اشک، وحید اختر، مصحف اقبال توصیفی، عتیق اللہ، شاد نارسک، فہمیدہ ریاض وغیرہ کے ہاتھ میں ہے۔

اس سلسلہ میں ایک اور بات یاد رکھنی چاہئے کہ ان میں سے کوئی بھی شاعر کسی دوسرے کی نقل نہیں کرتا، بلکہ ان میں سے جو شعرا اپنے منفرد اسلوب کو پا گئے ہیں وہ اسے برابر نکھار کی طرف لیجا رہے ہیں۔ اور جو شعرا نسبتۃً نئے اور کم عمر ہیں وہ اپنی الگ راہ متعین کرنے میں بے حد خلوص اور لگن سے لگے ہوئے ہیں۔ انتہا پسند شعرا یعنی افتخار جالب وغیرہ اپنی بیش تر نظموں میں ایسی زبان کا استعمال کرتے ہیں، جس کا ماضی کی شعری زبان سے کوئی رشتہ بہ آسانی نہ جوڑا جا سکے۔ یہ لوگ زبان کو پوری طرح لغوی اور نحوی آزادی دینے کے حق میں ہیں۔

یہ لوگ عام طور پر اپنی نظموں میں ایسی علامتوں کو استعمال کرتے ہیں جو ان کے نجی اور پیچیدہ ذاتی تجربات کا نتیجہ ہوتی ہیں۔ ہو سکتا ہے کہ ان پیچیدہ اور نجی علامتوں کی وجہ سے قاری بہ آسانی ان کی نظموں کو نہ سمجھ سکے، لیکن اس سلسلہ میں شاعر بھی قطعاً مجبور ہے کیونکہ فی زمانہ علامت ہی وہ واحد ذریعہ ہے جس کی مدد سے شاعر اپنے پیچیدہ اور گتھے ہوئے احساسات و

تاثرات کا اظہار کرسکتا ہے۔" ؎

علاوہ اس کے اس گروپ کے شعرانے اور خصوصاً افتخار جالب نے شعری محاورہ کو تبدیل کرنے کی غرض سے، کثرت سے نحوی تجربے بھی کئے ہیں۔ وہ بسا اوقات الفاظ کے عجیب و غریب استعمال نیز نحوی ترتیب کے ذریعہ نظموں کو خاصہ مشکل بنا دیتے ہیں۔ یہ نظمیں اس وقت اور بھی زیادہ مشکل ہو جاتی ہیں جب ان میں الفاظ، فقرے، علامتیں اور استعارے آپس میں کچھ اس طرح گڈمڈ کردیے جاتے ہیں کہ قاری کسی بھی طرح متوقع نتائج تک نہ پہنچ سکے۔ لیکن ان مشکلات کا حل قطعاً یہ نہیں ہوسکتا کہ ان نظموں کو مہمل اور بے معنی کہہ کر آگے بڑھ جایا جائے۔ اگر ہم ڈلن ٹامس کی سطر:

"A wind that Plucked the goose" کا مطلب:

A wind full of Snow like goose feathers نکال سکتے ہیں، یا پھر

Because the pleasure bird whistles after the hot wires کا مطلب:

Because the Song bird sings more Sweetly after being blinded with red hot wires ؎ سمجھ سکتے ہیں۔

اور ڈلن ٹامس اس حد تک مبہم شاعری کرنے کے باوجود اپنی دیگر خصوصیات کی بنا پر انگریزی کا انتہائی مقبول شاعر ہوسکتا ہے تو کوئی وجہ نہیں کہ ہم افتخار جالب یا دوسرے شاعروں کی تخلیقات کو مہمل، مبہم یا بے معنی کہہ کر نہ صرف اپنے تنقیدی فرض سے سبکدوش ہو جائیں بلکہ بامعنی اور ذہانت سے بھرپور شاعری پر اس قسم کے رکیک حملے کر کے یوں خوش ہوں اور داد طلب نظروں سے دوسروں کی طرف دیکھیں گویا ابھی ابھی ایورسٹ سے واپسی ہوئی ہے مثلاً افتخار جالب کو ہی لیجئے ان کے مجموعہ ماخذ سے تو اردو کے بیشتر نقادوں کی ملاقات ہی اب تک نہیں ہوسکی۔ جن لوگوں کی نظر سے یہ مجموعہ گذرا بھی ہوگا، انھوں نے پڑھنے کی زحمت گوارا نہ کی ہوگی کیونکہ افتخار جالب مہمل نہ ہونے کے باوجود، بے حد مشکل شاعر ہے اور اسے پڑھنے اور سمجھنے کے لئے ذہن کی تمام گرہوں کو کھولنا پڑتا ہے اور ذہن میں پہلے سے موجود تعصبات سے دامن چھڑانا پڑتا ہے اور یہ مشکل کام ہے۔ جس زبان کے ادبی ناقدوں کے بیشتر تنقیدی فیصلوں کا انحصار، ریڈیو پروگراموں، شراب کے پیالوں، مشاعرے کی دعوتوں اور آپسی تعریف و توصیف پر ہو،

؎ Graham Hough: Image and Experience. P.127

؎ میں نے ڈلن ٹامس کی سطور اور ان کے مطالب Elder Orson کی کتاب "ڈلن ٹامس" سے لئے ہیں۔

اس سے افتخار جالب یا باقر مہدی جیسے ادبی سیاست سے دور شعرا کے ساتھ کسی قسم کے انصاف کی توقع بیکار ہے۔ چنانچہ افتخار جالب کی نظم "نفیس لامرکزیت اظہار" کے جن بعض مصرعوں کو تنقید کے نام پر گالم گلوج کا نشانہ بنایا جارہا ہے وہ یہ ہیں:

منضبط شہری زندگی کے علامئے کنکریٹ روشن
مبادا تعبیر چھینپے تند تنگ بحث کا آرتھرائٹس فساد پٹھوں کی
اینٹھ تلخی دہن مزا کرکرا
قدامت پسند کابوس شیشہ در شیشہ
شیفتہ مدور سیاہ سورج کے درمیان

ظاہر ہے کہ یہ مصرعے قاری کے ذہن پر کوئی مربوط تاثر مرتسم کرنے سے قاصر رہتے ہیں۔ اس لئے نہیں کہ یہ مصرعے واقعی مہمل ہیں بلکہ یہاں کریلا اور پھر نیم چڑھا کا معاملہ ہے یعنی ایک تو ان مصرعوں میں زبان کا غیر معمولی طور پر انوکھا اور تخلیقی استعمال ہوا ہے، دوسرے ان مصرعوں کو ان کے صحیح سیاق و سباق سے الگ کرکے، ان کے متوقع تاثر کو بری طرح مجروح کردیا گیا ہے۔ پورا بند دراصل یوں ہوگا۔

فٹ پاتھ

منضبط شہری زندگی کے علامئے کنکریٹ روشن
مبادا تعبیر چھینپے تند تنگ بحث کا آرتھرائٹس فساد پٹھوں کی
اینٹھ تلخی دہن مزا کرکرا
قدامت پسند کابوس شیشہ در شیشہ
شیفتہ مدور سیاہ سورج کے درمیان
گرد باد تکذیب میں اٹھتا ہے۔

قبل اس کے کہ ان مصرعوں پر بات کی جائے یہ عرض کردوں کہ پوری نظم "نفیس لامرکزیت اظہار" موجودہ انسانی زندگی اور اس کے مختلف سماجی جذباتی اور حیاتیاتی پہلوؤں پر گہرا طنز ہے۔ چنانچہ ان مصرعوں میں بھی مرئی اور غیر مرئی امیجز نیز استعاراتی علامتوں کی مدد سے شاعر نے اس طنز کو ابھارنے کی کوشش کی ہے۔ فٹ پاتھ کو منضبط شہری زندگی کے روشن اور کنکریٹ (Concrete) علامئے کہہ کر

افتخار جالب نے اس المیہ کی طرف اشارہ کیا ہے کہ کس طرح جدید انسان اپنے ہی مرتب کردہ قواعد و ضوابط اور اصولوں کا غلام بن کر رہ گیا ہے اور اس سے وہ آزادی چھن گئی ہے جو فطرت کا بیش بہا عطیہ تھی۔ بعد کی دو سطریں، دراصل نئی نسل کی طرز زندگی کے متعلق گہرے اور موثر طنز کا درجہ رکھتی ہیں (یہ نئی نسل' وہی ہے جس نے اپنے آپ کو منضبط شہری زندگی کے جال میں جکڑ رکھا ہے) یہ نئی نسل ایسے بے سمت اور بے بات مباحث میں الجھی ہوئی ہے، جن کا کوئی حاصل نہیں ہے، سوائے اس کے کہ یہ مباحث پٹھوں کی اینٹھن اور تلخی' کام و دہن یعنی جسمانی تشنج اور ذہنی بے کیفی پیدا کردیں۔

آخری تین سطریں بجائے Paradoxical ہیں۔ قدامت پسند کابوس وہ لوگ ہیں جو لکیر کے فقیر بنے ہوئے ہیں۔ "شیشہ در شیشہ" سے مراد "ہر جانب" ہے۔ اگر غالب کا مصرع "طوطی کو شش جہت سے مقابل ہے آئینہ" ذہن میں رہے تو "شیشہ در شیشہ" کی ترکیب زیادہ واضح ہو جاتی ہے اسی طرح 'سیاہ سورج' کہہ کر شاعر نے رواتیوں اور جھوٹے عقیدوں کا برا اچھوتا اور اچھا امیج بنایا ہے۔ بحیثیت مجموعی ان تین سطروں کا مطلب یوں ہوگا کہ قدامت پسند لوگ روائتوں کے محدود آئینہ خانوں میں مسلسل گردش کئے جا رہے ہیں اور آئینہ خانے جھوٹ، مبالغہ سے بھرپور ہیں۔ اس طرح ہم دیکھتے ہیں کہ شاعر نے قدیم و جدید دونوں نسلوں سے تعلق رکھنے والے لوگوں کی موجودہ زندگی کا تجزیہ کرتے ہوئے، ان پر بھرپور وار کیا ہے۔ دراصل تفصیل لا مرکزیت اظہار، پوری کی پوری نظم، ہم عصر زندگی کے مختلف پہلوؤں کے تجزیہ اور ان پر شاعرانہ طنز کی کامیاب ترین مثال ہے لیکن اس نظم کو سمجھنے کے لئے یہ ضروری ہے کہ اس نظم کی ہر سطر اور ہر لفظ میں پوشیدہ استعاراتی اور علامتی معنیٰ کی تلاش کی جائے۔ علاوہ اس کے ہمیں آرکیٹو پیڈیک، آرتھرائٹس، تھارائڈ، ٹیرالوگ نیٹا، ایکلیسزی اشک اور دوسرے الفاظ کے لفظی معنیٰ اور نظم میں موجود ان کے تلازمات سے واقف ہونا پڑیگا' وغیرہ وغیرہ

اگر نظم میں استعمال ہر لفظ کو محض لغوی معنی کے پس منظر میں سمجھنے کی کوشش کریں تو ظاہر ہے کہ نظم سمجھ میں نہیں آئے گی۔ ویسے جیسا کہ اوپر عرض کر چکا ہوں کہ موضوعات کی طرح شعری زبان کے سلسلے میں بھی مختلف نئے شاعروں کا سفر مختلف سمتوں میں ہوتا ہے۔ ایک ہی شاعر مختلف اوقات میں مختلف سمتوں میں بھی سفر کرتا ہے۔ چنانچہ بعض شاعروں نے اپنی نظموں میں بعض ایسے الفاظ کو ان کے ٹھیٹ لغوی معنیٰ میں استعمال کیا ہے، جو اب تک لغوی معنیٰ کے بجائے استعاراتی اور مستعمل معنیٰ میں ہی استعمال ہوتے رہے مثلاً ایک نظم (مطبوعہ نئے نام) کے یہ چند مصرعے ملاحظہ ہوں،

میں نے دیکھے
نہ دن تاریک رات
چلتے پھرتے سانس لیتے بولتے
بیت الخلا
ابن آدم کا نہیں مجھ کو پتہ (حمدون عثمانی : نہائیت)

اس بند کے "بیت الخلا" نے تبصرہ نگاروں کو خاصی مصیبت میں مبتلا کیا ہے چنانچہ معمولی زید بکر سے کر ظہور نظر تک سبھی حضرات نے اس پر کافی واویلا کیا، اور بار بار اس بند کو نئی نظم میں غلاظت اور گندگی کی مثال کے طور پر پیش کیا گیا، لیکن ان تبصرہ نگاروں (جو صرف اپنی ناک کی سیدھ میں دیکھنے کے قائل ہیں) میں سے کسی نے اس بات پر توجہ نہیں دی کہ حمدون عثمانی نے اس مرکب لفظ بیت الخلا کو عام مستعمل معنی میں نہیں بلکہ اس کے ٹھیٹ لغوی معنی میں استعمال کیا ہے۔ شاید اب یہ بتانے کی ضرورت نہ رہ گئی ہو کہ 'بیت الخلا' کے معنی ہیں "تنہائی کا گھر" اب دیکھئے دور حاضر کے انسانوں کو 'چلتے' 'پھرتے' اور بولتے ہوئے تنہائی کے گھر کہہ کر شاعر نے کتنا خوب صورت اور بامعنی پیکر تخلیق کیا ہے۔ اگر ہم ان باتوں کو ذہن میں رکھیں، اور ساتھ ہی ہمارے ذہن میں Winifred Nowotny کی یہ بات بھی ہو کہ ہر نظم میں ہمارا واسطہ کسی ایک مرکزی معنی سے نہیں بلکہ معنی کے جال (Network) سے رہتا ہے تو مجھے یقین ہے کہ:

کہیں اس لفظ "ہے" سے بسر ہونے تک کا فاصلہ، زوال گتا
ذلت تو نہیں مگر ذلت کا کوئی "کا" نہیں ہوتا۔ (احمد ہمیش۔ تجدید نمبر۲)

اور : چاروں جانب دھواں دھند اور آہنی موت
موٹر کے پہیوں کو میرا لہو سرخ دیوار
موٹر کے پہیوں میں میرے لئے سبز رستہ
کہ کھیتوں سے اگے گی
کہ میں سال کا آخری سانس ہوں (عباس اطہر۔ سال کا آخری سانس)

جیسی شاعری بھی بخوبی سمجھ میں آسکے گی اور ہم اس طرح کی شاعری سے صحیح حظ اٹھانے کے

The Language Poets Use P-114

قابل ہو سکیں گے۔ دراصل ان تمام نظموں کی زبان نیتجہ ہے، جذبات، احساسات، خیالات، و تجربات کو حتی الامکان ان کی اصلی شکل و صورت میں قاری تک منتقل کرنے کی کوشش کا، اور بالکل یہی کوشش ہمیں دوسرے گروپ کے شعراء کے یہاں بھی نظر آتی ہے۔ ان کے یہاں، بسا اوقات نظم کی زبان اپنی بیرونی سطح پر جیمز جوائس کے ناول "یولیسس" کی زبان کی طرح آسان اور عام فہم ہوتی ہے، لیکن ان نظموں کی معنویت اور تہداری تک پہنچنے کیلئے وہی ذہنی مراحل سر کرنے پڑتے ہیں، جو یولیسس، کو سمجھنے کے لئے ضروری ہیں۔ (یہ مطابقت لفظی نہیں علامتی ہے) مثلاً اگر آپ یہ مصرعے پڑھیں۔

اور سنو، اک لطیفہ سنو

جب مری لاش پر رقص کرتے ہوئے

تھک کے گرنے لگوگی

تو خود کو مرے بازوؤں میں تڑپتا ہوا پاؤگی (کمار پاشی۔ آکاش میں شہد)

تو زبان (اپنی بیرونی سطح پر) عام فہم اور سادہ معلوم ہوگی، لیکن قاری کی سمجھ میں اصل مفہوم اس وقت تک نہیں آئے گا۔ جب تک اسے ہندو دیو مالا سے واقفیت نہ ہو اور جب تک اسے اندر، وشوامتر اور مینکا والے شلشت کا پورا علم نہ ہو۔ یہ زبان اس وقت اور مشکل ہو جاتی ہے جب قاری کو ایک لفظ اور دوسرے لفظ میں یا ایک سطر اور دوسری سطر میں اس ٹھوس اور منطقی رشتہ کا احساس نہیں ہوتا، جس کا وہ اب تک عادی رہا ہے۔ اسکی وجہ دراصل یہ ہے کہ نئی نظم کا شاعر مختلف Situations کا اظہار ایسے استعاراتی امیجز کے ذریعہ کرتا ہے، جن کا رشتہ کبھی پہلے کہی ہوئی اور کبھی بعد کی باتوں سے، منطقی سطح پر نہیں بلکہ نفسیاتی اور معنوی سطح پر جوڑا جا سکتا ہے امیجز کی تخلیق اور ان کے شعری استعمال کے سلسلہ میں جوش ملیح آبادی سے لیکر ترقی پسندوں اور حلقۂ ارباب ذوق کے شاعروں تک ایک قدر مشترک یہ تھی کہ شاعر عموماً نظم کے شروع میں کوئی ایک امیج تخلیق کرتا اور پھر باقی پوری نظم میں اس ایک امیج کی مختلف تاویلوں کے ذریعہ توضیح کرتا۔ ان شعراء کو بحیثیت مجموعی Robot Poets کہا جا سکتا ہے لیکن نیا شاعر (جیسا کہ مندرجہ ذیل مثال سے ظاہر ہوگا) ایک کے بعد دوسرا اور دوسرے کے بعد تیسرا امیج یوں تخلیق کرتا جاتا ہے کہ منطقی اور فلسفیانہ سطح پر یہ امیجز مربوط نہ ہوتے ہوئے بھی نظم کے مجموعی مفہوم کو کامیابی کے ساتھ ادا کرتے ہیں۔ ان امیجز نے نئی نظموں میں اختصار اور تاثر پیدا کرنے میں شاعروں کی بڑی مدد کی ہے۔ فرقہ وارانہ فسادات کے پس منظر میں لکھی گئی قاضی سلیم کی نظم

'تلاش گم گشتہ' کے یہ چند مصرعے ملاحظہ ہوں :۔

کہاں سے آگئے تم !!

راکھ کے ذرہ میں میں کیا اور تم کیا

محبت کا سہارا بے بسی کی انتہا ہے

دھڑوں کو اپنے چپٹا کر لہو اپنا نچوڑیں بھی تو کیا ہوگا'

تمناؤں میں دیوانے ہوئے یہ کلبلاتے لوتھڑے کیسے

بلندی سے نظر آئیں گے، ہنستے ہیں کہ روتے ہیں

جنازہ چیونٹیوں کا جا رہا ہے یا کوئی بارات نکلی ہے....

یہاں 'راکھ کا ذرہ' ایک علامتی امیج ہے' جو اس کروڑوں سال پرانی دنیا میں اس ایک لمحۂ موجود کی طرف اشارہ کرتا ہے' جو بے وقت اور کم مایہ ہے اور جس میں ہم آپ سانس لے رہے ہیں' اس کے ساتھ ہی یہ مصرعہ:

'دھڑوں کو اپنے چپٹا کر لہو اپنا نچوڑیں بھی تو کیا ہوگا'

نہ صرف نیا اور خالص ذاتی (Purely Personal) امیج ہے' بلکہ اس کی ایک خوبی یہ بھی ہے کہ امیج اس مصرعہ کے اندر ہی مقید نہیں بلکہ اس کے معنی کی تہیں جدید انسان کی جدید زندگی کی تہوں میں بکھری ہوئی ہیں۔ انسانی جسموں کا آپسی ملاپ اور نتیجتاً کلبلاتے ہوئے لوتھڑے صرف امیج کی حیثیت نہیں رکھتے بلکہ ہم ان کے ذریعہ ہم عصر زندگی کے تعلق سے شاعر کے ذہنی رویہ سے آگاہی حاصل کرتے ہیں؟ یہ سیچویشن اپنے منتہا (Climax) کو اس وقت پہنچتی ہے جب شاعر کہتا ہے۔

جنازہ چیونٹیوں کا جا رہا ہے / یا کوئی بارات نکلی ہے

یہ امیج دراصل Eidelic images کی طرح سے ابھرتی ہے ایک تو یہ ہے کہ بلندی سے دیکھنے والی آنکھوں (جو غالباً خدا کی آنکھیں ہیں) کو کرۂ ارض پہ چلتے پھرتے انسان چیونٹیوں کی طرح چھوٹے اور معمولی نظر آتے ہیں' دوسرے یہ کہ انسانوں کی بے وقعتی، ناطاقتی' اور حقیر ہونے پر شاید اس سے بہتر تبصرہ ممکن نہیں۔ یہاں صرف جسمانی طور پر کمزور اور حقیر ہونے کی طرف اشارہ نہیں بلکہ فسادات کے پس منظر میں بھی

Paradoxical انداز میں شاعر نے یہ بھی دکھایا ہے کہ ذہنی، روحانی طور پر بھی یہ انسان کوئی وقعت نہیں رکھتا۔ جس طرح ان چند امیجز کے ذریعہ قاضی سلیم نے جدید انسان کے المیہ کو ابھارا ہے، اس کے لیے پچیسوں بیانیہ مصرعے ناکافی ہوتے، اور پھر اس کے بعد بھی بات شاعرانہ سے زیادہ واعظانہ ہو جاتی یہاں امیجز کسی فلم کے مختلف مناظر کی طرح سامنے آتے اور گزر جاتے ہیں، لیکن ان کا آپسی تلازمہ اور داخلی ربط بہر حال قائم رہتا ہے۔

بصارتی، احساساتی، استعاراتی اور علامتی امیجز کا استعمال قاضی سلیم کے علاوہ دوسرے نئے شعراء نے بھی اپنے اپنے ڈھنگ سے کیا ہے بعض اوقات تو یہ امیجز نہ صرف چونکانے والے بلکہ انتہائی Crude اور روائتی قاری کو صدمہ پہنچانے والے (Shocking) ہوتے ہیں۔ مثلاً عادل منصوری کی ان مصرعوں کو پڑھ کر

ریفری جیریٹر میں رکھی ہوئی
طشتری میں مری دونوں آنکھیں برہنہ پڑی تھیں۔
وہاں تک کسی خواب کے ہاتھ پہنچے نہ تھے
کبوتر کی آنکھوں میں
ٹوٹتے ہوئے آسمان کا تنزل نہ دیکھ
بدن کے شکستہ کھنڈر سے نکل بھاگنے کے لئے
تمھاری مدد کی ضرورت ہے مجھ کو

ایک روائتی قاری یوں ہکا بکا، اور غصے سے لال پیلا ہو جاتا ہے گویا کسی راہ چلتے ہوئے شریف آدمی کو کوئی شریر لڑکا چپت مار کر بھاگ گیا ہو۔

امیجز کے علاوہ نئے شاعروں نے اپنی ٹوٹی پھوٹی اخانوں میں بٹی ہوئی اور مختلف النوع مظاہر کائنات سے متصادم ذات کے مکمل اظہار کے لئے علامتوں (Symbols) کا بھی سہارا لیا ہے۔ ذات کے اظہار کا مطلب قطعاً یہ نہیں ہے (جیسا کہ کچھ لوگ سمجھتے ہیں) کہ شاعر صرف اپنے بارہ بارہ میں لکھے اور ساری دنیا سے ناطہ توڑ لے۔ نیا شاعر جب اپنی "ذات" کی بات کرتا ہے تو وہ دراصل اس انفرادی نکتہ نظر کا ذکر کرتا ہے جس کی مدد سے وہ دنیا کو اور حیات و کائنات کے مسائل کو سمجھنے کی کوشش کرتا ہے۔ اس طرح جب شاعر زندگی اور اس کے متعلقات کے تعلق سے دوسروں کے

بیانات اور ان کے ردعمل کو نظر انداز کرتے ہوئے، ایک فرد کی حیثیت سے اپنے نجی تاثرات و احساسات کا اظہار کرتا ہے تو دراصل اسی اظہار کو ہم' اظہار ذات کا نام دیتے ہیں۔ علامتوں کا استعمال نئے شاعروں کی داخلی ضرورت ہے، کیونکہ مابعد الطبیعاتی کیفیات، پیچیدہ تجربات اور مشکل خیالات کا اظہار، بیانیہ شاعری کے بس کی بات نہیں۔ نئی نظموں کے مطالعہ سے یہ بات واضح ہوجاتی ہے کہ نیا شاعر علامتوں کے انتخاب اور استعمال میں کسی خاص قاعدہ یا قانون کا پابند نہیں۔ آزاد تلازمۂ خیال کے نظریہ کے زیر اثر، نئے شاعر اپنی نظموں میں علامتوں کا انتخاب بڑی حد تک Arbitrarily کرتے ہیں اور اسی لئے ان علامتوں کو مجرد علامتوں کی حیثیت سے سمجھنا اور ان کا مطلب نکالنا مشکل ہوجاتا ہے، اور انھیں سمجھنے کے لئے ایلیٹ کے Objective Correlative والے اصول کو سامنے رکھنا پڑتا ہے۔ اسی طرح تمام نئے شاعروں کے یہاں علامتوں کا استعمال ایک جیسا نہیں مثلاً بلراج کومل، گھونگھے، ایمبولنس، ریت، بازار اور اسی طرح کے دوسرے صدہا ٹھوس پیکروں کو علامت کے طور پر استعمال کرتے ہیں، کمار پاشی، دیو مالائی، تاریخی اور تہذیبی References کو سمبل بنا کر پیش کرتے ہیں، عمیق حنفی، جدید تہذیب، کے مختلف مظاہر کی مدد سے انسان کے روحانی اور جذباتی دکھ درد کو اجاگر کرنے کے لئے علامتیں تراشتے ہیں۔

ندا فاضلی

لپکتی سرخ لپٹ\
جھومتی ہوئی ڈالی۔\
چمکتے تال کے پانی میں ڈوبتا پتھر!\
ابھرتے پھیلتے گھیروں میں تیرتے خنجر!\
اچھلتی گیند ربڑ کی۔\
سدھے ہوئے دو ہاتھ\
سلگتے کھیت کی مٹی پہ ٹوٹتی برسات .....

جیسی اشیاء کو سمبل کے طور پر ٹھیٹ فرویڈین (Freudian) انداز میں جنسی حقیقت نگاری کے لئے استعمال کرتے ہیں۔ شہریار کے یہاں عام مظاہر فطرت (شام، سائے، رات وغیرہ)

علامتوں کی شکل میں جا بجا بکھرے ہوئے نظر آتے ہیں وزیر آغا، اکثر و بیشتر سادہ اور عام الفاظ کو (یہ الفاظ اسم بھی ہو سکتے ہیں، فعل بھی، صفت بھی اور ان کے مرکبات بھی) ان کے عام معنی سے ہٹا کر علامتی معنیٰ عطا کرتے ہیں:

خموشی کے اس زرد لمحے سے پہلے
یہ محسوس ہوتا تھا جیسے
کوئی غم زدہ بے نشاں چاپ
میرے تعاقب
اک نرم جھونکے کی صورت چلی آ رہی ہے
اور اب دفعتاً
غم زدہ بے نشان چاپ رک سی گئی ہے
تو لاکھوں بپھرتے قدم ان گنت تند دھارے
جو دبکے پڑے تھے
عقب سے ابھر کر
مری سمت تیزی سے بڑھنے لگے ہیں
جھپٹتے لپکتے چلے آ رہے ہیں

ان مصرعوں میں خموشی کا زرد لمحہ" غم زدہ بے نشاں چاپ" نرم جھونکے اور ان گنت تند دھارے جیسے لفظی مرکبات کو ان کے عام لغوی معنیٰ سے یکسر جدا کر کے ان سے علامتوں کا کام لیا گیا ہے۔ زرد لمحہ دراصل 'حال' کی علامت ہے۔ 'غم زدہ بے نشاں چاپ' ان روائتوں اور عقیدوں کا سمبل ہے جو بے حد کمزور و ریخیت ہو جانے کے باوجود، ماضی قریب تک کے انسانوں کا بڑا سہارا تھے۔ لیکن 'حال' میں زندہ رہنے والے انسانوں سے یہ سہارا چھن گیا ہے اور اس سہارے کے جاتے ہی، ان گنت تند دھارے یعنی ہزار ہا قسم کے شکوک و شبہات، اور مسائل، انسانی ذہن کو شب و روز کچو کے لگاتے ہیں۔

موضوعاتی سطح پر روائتوں اور عقیدوں کی شکست و ریخیت، اور لسانی سطح پر الفاظ کو دوہرے تہرے معنی میں استعمال کرنے کا رجحان دوسرے نئے شاعروں کے یہاں بھی ملتا ہے۔ مثلاً ان چند مصرعوں میں

دیکھتے دیکھتے نیلے پانی پہ لکھی ہوئی
چاند کے نرم ہاتھوں کی تحریر بھی مٹ گئی
تب نگاہیں جہاں تک مرے ساتھ تھیں
دوسرا کون تھا
کوئی بھی تو نہیں ... ... (بشر نواز۔ اندھیروں کا راہی)

بظاہر منظرکشی کی گئی ہے۔ ان مصرعوں کو اگر لینڈ اسکیپ کے طور پر پڑھا جائے تو بھی خاصہ لطف آئے گا۔ لیکن منظرکشی اور لینڈ اسکیپ سے ہٹ کر ان مصرعوں کی ایک زیادہ عمیق و بلیغ حیثیت بھی ہے اور یہ ہے علامتی حیثیت۔ اگر ہم چاند کو روایات کی علامت اور نیلے پانی کو وقت کی علامت سمجھ کر پڑھیں، تو پڑھنے والے پر یہ حقیقت آئینہ ہو جاتی ہے کہ کس طرح ماضی کی ساری روایتوں نے جدید انسان کا ساتھ چھوڑ دیا ہے اور وہ اس بھری پری دنیا میں اپنے آپ کو کس حد تک تنہا محسوس کر رہا ہے۔ مندرجہ بالا دونوں اقتباسات نئی نظم میں علامتی زبان کے استعمال کے علاوہ اس واقعہ کی طرف بھی اشارہ کرتے ہیں کہ کس طرح نئی نظم کا شاعر ایک ہی موضوع پر مختلف اسالیب اور مختلف انداز میں لکھ سکتا ہے۔ یہ بات زیادہ کھل کر سامنے آجاتی ہے۔ اگر ہم ترقی پسند شاعروں کے مشترکہ موضوعات (مثلاً امن، جنگ، مزدور، انقلاب) پر لکھی گئی نظموں کو بھی سامنے رکھیں۔ نئی نظم کی زبان کی استعاراتی اور علامتی حیثیت اس وقت بھی برقرار رہتی ہے جب شاعر بظاہر خالص لینڈ اسکیپ پیش کرتا ہے۔ مثلاً باقر مہدی کی نظم "ایک دوپہر" کے یہ چند مصرعے دیکھئے:

پنکھہ ٹوٹا کوا ازیل پیڑ کے نیچے
جانے کیوں چپ چاپ بیٹھا ہے
اک اخبار سے منہ کو چھپائے ایک بینک اونگھ رہا ہے
دھوپ پیڑ کے پاس تھکی لیٹی ہے
حبس ہے ایسا دل تک بے آواز دھڑکتا ہے
راجا بائی ٹاور کی گھڑی رکی پڑی ہے

ان مصرعوں کا اصل کام لینڈ اسکیپ مہیا کرنا نہیں ہے بلکہ ان کی مدد سے شاعر نے ایک

خاص طرح کے سونے پن اور احساس تنہائی کو اجاگر کیا ہے اگر ہم ٹوٹے ہوئے پنکھ والے کوے، اخبار سے منہ کو چھپائے ہوئے بیٹک اور ماجا بائی؟ اور رکی رکی ہوئی گھڑی کے آپسی رشتوں کا نفسیاتی جائزہ لیں تو یہ معلوم ہوگا۔ لینڈ اسکیپ کے علاوہ بحیثیت مجموعی دراصل یہ تمام چیزیں اس صورت حال کی طرف اشارہ کرتی ہیں جس سے آج کا انسان دوچار ہے۔ یہ صورت حال وہ بے بسی اور لاچاری ہے، جس کا احساس، خاصہ تیزے پھیلنے پر اس مادہ پرست دنیا میں، نوجوانوں کو ہو رہا ہے لفظ "بیٹنک" کے سماجی اور نفسیاتی پس منظر میں، کوے کے پنکھ کا ٹوٹا ہوا ہونا اور بھی زیادہ اہم اور معنی خیز ہو جاتا ہے۔

نئی نظم کی زبان کے سلسلے میں نئے شاعروں نے علامتی اور استعاراتی انداز بیان کی ڈھول کو کھنگالنے پر ہی اکتفا نہیں کیا، انھوں نے جملوں اور مصرعوں کی ساخت میں نحوی و صرفی تبدیلیاں ہی نہیں کیں بلکہ اگر ایک طرف شعر کی لفظیات میں :

"آرزو، غم امید محرومی کے ساتھ ساتھ
پینٹ، گڑیا، قمیض، چوہے دان
کھلونے، امرود، سنگترے، چاول
نیند کی گولیاں، گلاب کے پھول (شہریار۔ عہد حاضر کی دل ربا مخلوق)

جیسے عناصر کو داخل کیا تو دوسری طرف تشبیہوں اور صفتوں کے استعمال میں بھی قابل قدر جرأت کا اظہار کیا ہے۔ انھوں نے شاعری کو ایک بے حد ڈرامائی اور بے حد [illegible] زبان بھی عطا کیا ہے۔ یہ صحیح ہے کہ صفتوں اور تشبیہوں کے استعمال میں، ابھی بہت بڑا انقلاب نہیں آیا ہے، لیکن جن شاعروں نے اس طرف توجہ دی ہے انھیں یقیناً اس میدان میں کامیابی ہوئی ہے۔ تیز نکیلی، ٹھوس اور تعجب خیز حد تک انوکھی تشبیہوں پر مشتمل یہ مصرعے ملاحظہ ہوں :

جس طرح ہنس مکھ، مجرد دوستوں کے ہونٹ پر ننگا بدن ہو،
بند کمرے میں لطیفے ہو رہے ہوں
اور کوئی شادی شدہ عورت، کسی اک دوست کی بیوی
زبان پر بیگنوں کا بھاؤ لے کر
رنگِ محفل میں مخل ہو (بلراج کومل؟ کرشن اشک۔ نظم)

یہ مصرعے بل کرشن اشک کی جس نظم سے لئے گئے ہیں۔ اگر ہم اسکی سچویشن (Situation) کو دھیان میں رکھیں، یعنی یہ کہ ایک بال بچوں والا مرد [ماضی میں] ایک شادی شدہ عورت سے اپنے ناجائز تعلقات کو یاد کر کے نظم لکھ رہا ہے۔ اور ماضی کی رنگینیوں میں کھویا چلا جارہا ہے، اور اتنے میں باہر سے اس کے بچے آکر، جوتیوں کے گم ہو جانے کی اطلاع دیتے ہوئے سارا مزا کرکرا کر دیتے ہیں، تو شاید اس میں کسی بھی طرح کے شک شبہ کی گنجائش نہ رہ جائے کہ ایسے موقع پر مزا کرکرا ہونے کا اس سے بہتر اظہار شاعر نے اردو شاعری میں غالباً اب تک نہیں ہوا تھا۔ ان مصرعوں میں روزمرہ کی معمولی چیزوں سے غیر معمولی کام لیا ہے۔ اور نظم کی سچویشن کو بے حد حقیقی اور بامعنی بنا دیا ہے۔ بل کرشن اشک کے علاوہ دوسرے نئے شعراء نے بھی گھسی پٹی اور زنگ آلود تشبیہوں کا استعمال کر کے قارئین کی قوت برداشت کا امتحان لینے کے بجائے، تازہ اور ہری بھری تشبیہوں کی طرف توجہ دی ہے۔ ایسی تشبیہیں جو داخلی تجربے اور جذباتی صورت حال کو زیادہ سے زیادہ موثر انداز میں اور اختصار کے ساتھ قاری تک منتقل کر سکیں مثلاً:

وہ میرے ہم زاد میرے بھائی
جو تتیوں کی طرح سے کمھلا کے زرد ہو کے
تمھارے قدموں میں آگرے ہیں
دریدہ یادوں کے قافلے ہیں،
وہ میرے ہم ناد میرے بھائی
جو کونپلوں کی طرح سے پھوٹیں گے
خوش بوؤں کی طرح چلیں گے　　　　(ساقی فاروقی ــ ترغیب)

ہانپتے جسم تھیٹر کے کھلاڑی کی طرح
ہستیِ موہوم کا اک سایۂ بے وزن بنیں　　　　(شمس الرحمٰن فاروقی۔ مناجات)

سب آدرش گندے کپڑوں کی طرح
ایک کونے میں پڑے ہوئے ہیں
سارے اصولوں کی شکلیں
گھسے ہوئے جوتوں کی طرح　　بگڑ چکی ہیں　　(احمد ہمیش۔ اخباروں کی سرخیاں)

اور احساس کا زہر
تیز بارش کی طرح جسم کے پایاب سمندر پہ برستا ہی نہیں

(فہیم جوزی۔ عہد نامے کی گم شدہ سطریں)

میں تمہاری طرف یوں پلٹ آؤں گا
جیسے بادل کا دل سوئے دریا چلے
جیسے گوکل میں بنسی کا لہرا چلے
دھن میں قامت کی جسطرح سایہ چلے
موج آواز دے اور کنارا چلے

(شاذ تمکنت۔ لذت سنگ)

یہ مثالیں اس بات پر دال ہیں کہ کس طرح مختلف تجربات اور جذبات کی مدد سے نئے شاعروں نے نئی تشبیہیں تراشی ہیں اور ان کی مدد سے محبت، زندگی اور کائنات کے دکھ درد پر کس طرح بھرپور تبصرے کئے ہیں۔ تشبیہہ کے باب میں نقل کئے اقتباسات نیز اس مضمون میں شامل تمام اقتباسات کے پس منظر میں اگر ہم شاذ تمکنت کے مندرجہ بالا مصرعوں پر غور کریں تو پتہ چلے گا کہ ان مصرعوں کی زبان پوری نئی شاعری کی زبان سے مختلف ہے۔ شاذ کی تشبیہوں، ترکیبوں، اور استعاروں نے ان کی شاعری کو ایک مخصوص مزاج عطا کیا ہے اور انھیں حقیقی معنیٰ میں ایک منفرد لہجہ کا مالک بنا دیا ہے۔ (حقیقی معنیٰ کا استعمال اسلئے کر رہا کہ آج کل ہر نوسکھیا، سال، چھ مہینے کی مشق سخن اور تیس ۳۰ بتیس ۳۲ اشعار کی اشاعت کے بعد فوری طور پر اردو شاعری میں منفرد آواز اور منفرد لہجہ کا مالک بن بیٹھتا ہے) لہجہ اور لفظیات کی انفرادیت گنے چنے نئے شاعروں کو ہی حاصل ہو سکی ہے۔ بقول فراق "ان کی لفظیات کی مہک دور سے پہچانی جا سکتی ہے"۔ یہ بڑی بات ہے، لیکن یہی خوش بو دار زبان ان کے شعری مستقبل کے لئے سم قاتل ثابت ہو سکتی ہے، کیونکہ یہ زبان متنوع موضوعات اور ہم عصر زندگی کی درشت حقیقتوں کے اظہار کی متحمل نہیں ہو سکتی۔ ویسے شاذ کی نئی طویل نظم طیور آوارہ، شعری زبان اور شعری موضوعات دونوں لحاظ سے ان کی شاعری میں ایک نئے اور امید افزا موڑ کی نشان دہی کرتی ہے۔

آخر میں، میں نئی نظم کی زبان کے صرف ایک اور پہلو کی طرف (جس کا ذکر اوپر کر چکا ہوں) اشارہ کروں گا۔ وہ پہلو ہے بے تکلفی (Relaxation) ڈرامائیت اور سادگی۔ ترقی پسندوں کی تربیت خوش

تھی کہ وہ شعری زبان کو عوامی زبان کے قریب لے جائیں۔ قطع نظر اس حقیقت کے کہ معیاری شاعری خواہ کتنی بھی عام فہم زبان میں کی جائے وہ عوامی زبان نہیں بن سکتی، ترقی پسند شاعروں کی زبان (ان کے تمام ارمانوں کے باوجود) مشکل اور فارسی زدہ ہی سہی غالب کے لفظوں میں، مسالمہ کو مکالمہ بنا دینے کا کام بھی نئے شاعروں کی قسمت میں ہی لکھا تھا۔ فراق صاحب نے کیا خوب کہا ہے :

کہاں ہر ایک سے بار نشاط اٹھتا ہے — کہ یہ بلا بھی ترے عاشقوں کے سر آئی

بے تکلف زبان (Relaxed Language) اور شدید ڈرامائیت سے مملو شاعری کے یہ نمونے ملاحظہ ہوں :

شاعروں کے پاس لفظوں کے سوا کچھ بھی نہیں
ریت پر بکھرے ہوئے خوابوں کے پھول
آسماں پر چاند کا ننگا بدن
گھاس کی خوش بو درختوں کی پکار
آندھیاں اور راستے
لڑکیوں کی چھاتیاں
کشتیوں کے بادباں جادو کے گیت ... (زاہد ڈار۔ نظم)

ابھی میرے شانے پہ وہ ہات رکھ کر کہے گا
بھئی لستنے دن سے کہاں تھے
کہیں بیٹھ کر آؤ کچھ دیر باتیں کریں،
پئیں
کوالٹی بار، پرنسز چلیں (مصحف اقبال توصیفی۔ سفید پوش)

معنوی گہرائی اور شعر کے معیار کو برقرار رکھتے ہوئے اتنی آسان زبان میں لکھنا نئے نظم نگاروں کا بڑا کارنامہ ہے۔ اگر نئی نظم کی زبان کے سلسلہ میں ان چند باتوں کو ذہن میں رکھیں، تو یقیناً ناقدین و قارئین کے لئے نئی نظم کو پڑھنا اور سمجھنا، اتنا ہی آسان ہوگا جتنا ایک عام آدمی کے لئے رات کے اندھیرے میں کسی قسم کی روشنی کی مدد کے بغیر، باتھ روم جا کر، بحفاظت اور بغیر ٹھوکر کھائے۔ اپنی خواب گاہ میں واپس آجانا۔

چٹان اور پانی (مضامین)

فضیل جعفری

چٹان اور پانی

فضیل جعفری

نئی غزل کا مزاج

ادھر پچھلے چند برسوں سے نئی نظم کے سلسلے میں جو دھواں دھار بحث ہو رہی اس نے نئی غزل کی ترویج و ترقی پر تو کوئی منفی اثر نہیں ڈالا لیکن اتنا ضرور ہوا کہ نئی غزل کا تنقیدی مضامین اور ادبی مباحثوں میں وہ عمل دخل نہیں رہا جس کی وہ مستحق تھی اور جس کے بغیر نئی شاعری کے مجموعی خدوخال اور وسعت و گیرائی کا اندازہ کرنا ممکن نہیں ہے۔ نئی غزل کی طرف سے اس بے ضرر سی لاپرواہی کی وجہ یہ ہے کہ اگر ایک طرف نئے شاعر اور نئی شاعری سے واقفیت رکھنے والے نقاد نئی نظم کی افہام و تفہیم اور نئے قارئین کی ذہنی تربیت کے ساتھ، نئی شاعری کے متعصب نقادوں کے اعتراضات کے مدلل جوابات دینے میں لگے رہے تو دوسری طرف اردو کے پیشہ ور نقادان کرام نے نئی غزل کی نئی سمتوں سے آنکھیں چار کرنے کی جرأت نہیں کی۔ ان حضرات نے غزلوں کے چند اشعار (جن کا ذکر آگے آئے گا) کو توالٹ پھیر کر اپنی مطلب برآری کے لئے بار بار استعمال کیا لیکن ان بے شمار نئے اور منفرد اشعار کو سرے سے نظر انداز کر دیا جو درحقیقت نئی شاعری کی جان ہیں۔ اگر ہم پچھلے چند برسوں میں لکھی گئی غزلوں کا سرسری جائزہ بھی لے ڈالیں تو بہ آسانی اس نتیجہ پر پہنچ سکتے ہیں کہ اس تمام عرصہ میں نئی غزل نہ صرف نئی نظم کے دوش بدوش چلی ہے بلکہ اس سے کچھ زیادہ ہی منزلیں سر کی ہیں۔

تاریخ گواہ ہے کہ غزل اور شہر دلی دونوں کے مقدر میں بار بار اجڑنا اور بسنا لکھ گیا ہے۔
ابھی بہت دن نہیں گذرے جب ترقی پسند تحریک کے زمانۂ عروج میں جیسا کہ خود سردار جعفری نے اپنی کتاب "ترقی پسند ادب" میں اعتراف کیا ہے "بعض ترقی پسندوں نے غزل کے غیر جمہوری" تاریک اندیش، فراری، کھوکھلے اور صوفیانہ مضامین کی مخالفت کے بجائے غزل کی صنف کو ہی غیر جمہوری اور بے کار قرار دیا" یہاں یہ بتا دینا خالی از دلچسپی نہ ہوگا کہ "بعض ترقی پسندوں" کے متذکرہ اعتراضات ان کی ہم عصر شعری ادب سے ناواقفیت اور مخصوص ذہنی تحفظات کے سایہ میں پل کر جوان ہونے کا نتیجہ تھے کیونکہ یہ حقیقت کسی سے ڈھکی چھپی نہیں انھیں کے زمانہ میں فراق و یگانہ غزل کے کھوکھلے، فراری اور صوفیانہ مضامین کو نہایت خوبصورتی کے ساتھ موت کے گھاٹ اتار چکے تھے۔ ان ترقی پسندوں نے اس حقیقت کی طرف کوئی خاص دھیان نہیں دیا کیونکہ ان کا مقصد صرف ادب کی تخلیق تو کبھی رہا نہیں نتیجتاً ان حضرات نے عوامی ادب کے نام پر:

لال پھریرا اس دنیا میں سب کا سہارا ہو کے رہیگا ہو کے رہیگی دھرتی اپنی دیش ہمارا ہو کے رہیگا
روس کا نوسنسار تو دیکھو دھرتی کا شرنگار تو دیکھو ایک زمیں کیا، لال ابھی ہر ایک ستارا ہو کے رہیگا

جیسے خالص صحافتی اور غیر معمولی حد تک معمولی اشعار کہے اور کہلوائے۔
تاہم مجھے یہ تسلیم کرنے میں کوئی تکلف نہیں کہ ترقی پسند تحریک سے وابستہ شاعروں میں فیض، ندیم قاسمی، مجروح تاباں، جاں نثار اختر، جذبی اور مجاز وغیرہ نے بہت اچھی اور قابل قدر غزلیں کہیں فیض نے اپنے محدود کینوس کے باوجود بڑی خوبصورت شاعری کی۔ ان کی لہجہ کی تازگی اور شگفتگی نے انھیں اپنے زمانہ کا مقبول شاعر (Popular Poet) بننے میں بطور خاص مدد دی اسی طرح مجروح نے اگر ایک طرف سیاسی اغراض و مقاصد کے تحت غزل کے معیار کو پست کیا تو دوسری طرف اس قسم کے اشعار بھی لکھے:

بے تیشۂ نظر نہ چلو راہِ رفتگاں ہر نقش پا بلند ہے دیوار کی طرح
فراز دار یہ رکھتے چلو سروں کے چراغ جہاں تلک یہ ستم کی سیاہ رات چلے

یہ اشعار یقیناً اردو شاعری میں اپنا ایک مقام رکھتے ہیں۔ لیکن گڑبڑ یہ ہوئی کہ جن ترقی پسند شاعروں نے کبھی مردہ اور مجہول روایات کے خلاف صدائے احتجاج بلند کی تھی وہ چند دسری

ایسی ہی روایات سے چپک گئے۔ نتیجہ کے طور پر یہ لوگ نہ تو فراق و یگانہ کی قائم کردہ روایات سے آگے بڑھ سکے اور نہ ہی غزل کو کوئی نیا مزاج عطا کر سکے۔ آزادی کے بعد جب حالات نے پلٹا کھایا اور تمام قدریں زیر و زبر ہونے لگیں تو ادبی رجحانات میں بھی خاصی تبدیلیاں ظہور پذیر ہوئیں شاعروں کی اکثریت میں اب ایک بار پھر غزل مقبول ہونے لگی۔ ان غزل گو شاعروں میں ایک بڑی تعداد تو ان لوگوں کی تھی جو کسی زمانے میں غزل کے بدترین مخالف تھے اور اب غالباً اپنی جھینپ مٹانے کے لیے دھڑا دھڑ لیکن بے جان غزلیں لکھ رہے تھے۔ ان کے علاوہ ایک چھوٹا سا گروپ ان جدید شاعروں کا تھا جنھوں نے اپنی اندرونی شخصیت اور غزل کی ہیئت میں زبردست ہم آہنگی محسوس کی تھی اور جو اپنے خیالات و تجربات (بشمول سماجی مسائل) کا بہتر اظہار غزل میں ہی کر سکتے تھے۔ جدید شاعروں کا یہ گروپ، منیر نیازی، ناصر کاظمی، ابن انشا، عزیز حامد مدنی اور کچھ دوسرے شاعروں پر مشتمل تھا۔ انھوں نے غزل کو ترقی پسندوں کے محدود نظریہ شعر سے آزاد کیا اور اردو غزل میں قابل قدر تجربے اور اضافے کئے۔ ایک طرح یہ شاعر نئی غزل کے پیش رو Predecessors کہے جا سکتے ہیں کیوں کہ نئی غزل اگرچہ کہ جدید غزل کے مقابلے میں بے حد مختلف ہے لیکن اس میں، ان شاعروں کی اور خاص طور پر ناصر کاظمی کے اس دور کی شاعری کی کہیں کہیں پرچھائیاں مل جاتی ہیں جب وہ اس قسم کے اشعار کہا کرتے تھے۔

دھیان کی سیڑھیوں پہ پچھلے پہر　　　کوئی چپکے سے پاؤں دھرتا ہے
ہر ادا آب رواں کی لہر ہے　　　جسم ہے یا چاندنی کا شہر ہے
فاختہ چپ ہے بڑی دیر سے کیوں　　　سرو کی شاخ ہلا کر دیکھو
نہر کیوں سو گئی چلتے چلتے　　　کوئی پتھر ہی گرا کر دیکھو

پچھلے چند برسوں میں کہ جب سے نئی غزل کے خد و خال کھل کر نمایاں ہونے لگے ہیں۔ ناصر کاظمی کچھ اس طرح کے شعر کہہ رہے ہیں۔

یوں ترے حسن کی تصویر غزل میں آئے　　　جیسے بلقیس سلیماں کے محل میں آئے

جب کہ نئی غزل کا مزاج اس قسم کے اشعار سے قطعاً مختلف ہے۔ اسی طرح ابن انشا کی شاعری کو پیروی میر کا مرض اس بری طرح چپک گیا ہے کہ وہ برسوں سے

ضدی، وحشی، الھڑ، چنچل، میٹھے لوگ، رسیلے لوگ

ہونٹ ان کے غزلوں کے مصرعے آنکھوں میں افسانے تھے

یا اب تو ہمیں منظور ہے یہ بھی، شہر سے نکلیں رسوا ہوں

تجھ کو دیکھا باتیں کرلیں، محنت ہوئی وصول میاں

کی حد سے آگے نہیں بڑھ پا رہے ہیں۔ منیر نیازی کے لہجے کی پراسراریت اور دھیما پن بھی نئی غزل کے مزاج سے مطابقت نہیں رکھتے۔ نئی غزل کا مزاج دراصل نئے انسان کا مزاج ہے جس کے مسائل پچھلی نسل کے مسائل سے قطعاً مختلف ہیں اور جس کی تشکیل بیک وقت متضاد و متوازن عناصر سے ہوئی ہے۔ اگر ہم ان عناصر کی تعریف ہی کرنا چاہیں تو یوں کہہ سکتے ہیں کہ نئی غزل کا مزاج، جرأت و بے باکی، صداقت، ایمان داری، بے دلی، کہیں کہیں جھلاہٹ اور ایک طرح کی بے تکلفی کا امتزاج ہے۔ نئی نظم کی ایک بڑی خصوصیت، یقیناً اس کے لہجہ کا دھیما پن ہے۔ لیکن نئی غزل کے سلسلہ میں سب سے پہلے جو چیز ہمیں اپنی طرف متوجہ کرتی ہے۔ وہ اس کے لہجہ کی تیزی، تیز رفتاری نیز اس کی ظاہری ہیئت ہے، شعر کی ظاہری ہیئت سے بحث کرتے ہوئے شمس الرحمٰن فاروقی نے اپنے ایک مضمون میں اس بات پر افسوس کا اظہار کیا ہے کہ جدید شاعروں کی ستر فیصدی نظمیں اور غزلیں غالب کی مشہور غزل ۵ حسن غمزے کی کشاکش سے چھٹا میرے بعد کی بحر میں لکھی گئی ہیں یقینی طور پر یہ بات صحیح ہے۔ جہاں تک غزلوں کا تعلق ہے نئے شاعروں میں یہ بحر، یا پھر میر کے شعر

افسردگی سوختہ جاناں ہے قہر میر دامن کو ٹک ہلا کہ دلوں کی بجھی ہے آگ

والی بحر بیحد مقبول ہوئی ہے۔ ستر فیصد یا اس سے بھی زیادہ غزلیں انھیں بحروں میں لکھی جارہی ہیں لیکن اس کی وجہ یہ نہیں ہے کہ نیا شاعر عروض سے ناواقف ہے یا وہ دوسری بحروں میں غزلیں نہیں لکھ سکتا بلکہ ان بحروں کی مقبولیت کی وجہ تیزی رفتار کا وہ نفسیاتی احساس ہے، جو اس مشینی دور کی طرف سے نئے شاعروں کو تحفتاً ملا ہے۔ موجودہ نظام حیات میں جب کہ اشیا نے اپنی رفتار تیز سے تیز تر کر دی ہے اور مہینوں کے فاصلے لمحوں میں طے کئے جا سکتے ہیں۔ آہستہ رو بحریں نئے شاعر کے خیالات و تجربات کی ترجمانی پوری طور پر نہیں کر پاتیں۔ دوسری بحروں میں لکھے گئے یہ چند اشعار ملاحظہ ہوں۔

سوئیں تو جگا دینے کیلئے' وہ یادِ یار نگار بہت
جاگیں تو سلا دینے کیلئے افسونِ لب و رخسار بہت

اے عشق تری ہمراہی ہیں تھک جائیں تو دم لینے کو ہیں
وہ سایۂ زلفِ یار بہت' اس کوچہ کی دیوار بہت

(اطہر نفیس)

شام کی دھندلی چھاؤں میں پھیلے ہیں سائے پلک کے
سجدہ کریں کہ آئے ہیں ذوقِ نماز لے کے ہم

دور افق پہ جا کہیں دونوں لکیریں مل گئیں
آئے تو تھے حضورِ عشق ناز و نیاز لے کے ہم

(شمس الرحمٰن فاروقی)

ستارے شب کے صحن میں عجیب گل کھلا گئے
کسی کو گدگدا گئے' کسی کا دل دکھا گئے

ہوا تھی کیا جو آپ نے چراغ سب بجھا دئے
فلک پہ دیپ جل اٹھے' پلک پہ اشک آ گئے

(وزیر آغا)

میں یہ نہ کہوں گا کہ یہ اشعار برے ہیں۔ لیکن ان میں جو باتیں کہی گئی ہیں' ان کا تمام تر تعلق بہت ہی روائتی قسم کے عشقیہ جذبات سے ہے جسے ہم غزل کے نئے مزاج سے ہم آہنگ نہیں کر سکتے' جب کہ انھیں شاعروں کے اشعار مثلاً

دھرتی کا شہر تنگ فلک کا دیار دور
جاؤں کدھر؟ ہوا کا بھنور درمیان ہیں (اطہر نفیس)

کردار قتل کرنے لگے لوگ یوں کہ ہم
اپنے ہی گھر میں بیٹھ کے آوارہ بن گئے (شمس الرحمٰن فاروقی)

دیوار اگر نہیں ہے تو چادر ہی اوڑھ لو
ننگے بدن کی ڈھال تو کاغذ کی ہے بنی (وزیر آغا)

پکار پکار کر کہہ رہے ہیں کہ ہمارا تعلق نئی غزل کے نئے مزاج سے ہے۔ غرض کہ ان بحروں کا انتخاب شاعروں سے زیادہ موجودہ زندگی کے نئے تقاضوں نے کیا ہے۔ وہ زندگی جو نہ صرف تیز رفتار ہے' بلکہ جو خطرناک ترین حالات سے بھی گزر رہی ہے۔ آج کا انسان ماضی کی بھول بھلیوں سے بہت دور نکل آیا ہے اور وہ مستقبل کو بھی کوئی ایسا خزانہ نہیں سمجھتا جسے کسی خاص نوعہ کی کنجی سے کھولا جا سکے' اور جس کے کھلتے ہی انسان کے سارے دکھ درد دور ہو جائیں۔ صنعتی تہذیب کی حشر سامانیوں نے نہ صرف ہمارے جذباتی و ذہنی نظام کو درہم برہم کر دیا ہے۔ بلکہ حیات و کائنات کے سارے رشتوں ناطوں کو اتھل پتھل کر کے رکھ دیا ہے۔ امید و یقین کے بجائے' تشکیک' شبہات' آپسی نفرت' منافقت اور بے یقینی کا بول بالا ہے۔ بڑی بڑی حقیقتیں ریزہ ریزہ ہو کر فضا میں یوں بکھر چکی ہیں جیسے کبھی موجود ہی نہ تھیں۔ حالات نے آدمی

کو کچھ اس طرح ڈرا دیا ہے کہ اسے اپنے سایہ سے بھی خوف آنے لگا ہے۔ تہذیب اور کلچر جیسے الفاظ کے معنی بڑی حد تک بدل چکے ہیں۔ نیکی اور بدی کے معیار، جو ہمارے بزرگوں نے بنائے تھے اب بوڑھے اور مفلوج ہو چکے ہیں۔ پرانے عقیدے دم توڑ چکے ہیں۔ نئے عقائد کی تشکیل ممکن نظر نہیں آتی۔ یہ اور بہت سی ایسی ہی باتیں ہیں جنھوں نے نئے شاعر اور نئے انسان کو ایک شدید ذہنی بحران میں مبتلا کر دیا ہے۔ اور آج ہم اپنے آپ کو زندہ رکھنے کے لئے کبھی خود سے اور کبھی دوسروں سے ایک سرد جنگ لڑ رہے ہیں نیا شاعر خواہ وہ غزل کا ہو یا نظم کا، آگہی کی اس آگ میں تپ کر یقیناً ایمان دار اور صدیق ہو گیا ہے۔ وہ 'سچائی' اور 'حقیقت' کے صحیح مفہوم سے پوری طرح آگاہ ہے اور اسی لئے وہ ان پر پردہ ڈالنے کی کوشش نہیں کرتا۔ دیکھئے شاعرانہ صداقتوں کے بارہ میں افتخار جالب نے اپنے مجموعہ "ماخذ" کے دیباچے میں کتنے پتہ کی بات کہی ہے۔

"اے مری ہم رقص مجھ کو تھام لے' ایسی طفلانہ خواہشیں میرے زمانہ کا ساتھ چھوڑ چکی ہیں' ان طفل تسلیوں کو آج بھی روا رکھنا بوالعجبی نہیں تو اور کیا ہے۔ میرے لئے یہ بھی ممکن نہیں کہ بدھی نکی چیزوں سے لطف اندوز ہو سکوں۔ یہ اپنی حقیقت کھو چکی ہیں" حقیقتوں کے کھو جانے کا اسی اور اک نے کچھ نئی حقیقتوں کے چہرے سے پردہ ہٹایا ہے اور نتیجۃً ایک طرح کی جھلاہٹ' ناامیدی، تھکن اور دکھوں کا شدید احساس غزل کے نئے شاعر کے لئے ناگزیر چیزیں ہو گئی ہیں۔ اکثر حضرات جو نئے شاعروں کے ان احساسات کو مصنوعی یا زبردستی اوڑھی ہوئی چادر کے مترادف سمجھتے ہیں یا کم از کم تظاہر سمجھتے ہیں وہ خود بارہا اپنے دیوان خانوں میں "صاحب زمانہ بہت خراب آ گیا ہے۔ قیامت کے آثار نظر آ رہے ہیں۔ ایسے حالات میں کوئی شعر کیا کہے" وغیرہ وغیرہ جیسے جملے کہتے ہوئے پکڑے جا چکے ہیں، فرق صرف اتنا ہے کہ ان حضرات میں جرأت اظہار کی وہ خوبی نہیں ہے جو نئی شاعری کا طرۂ امتیاز ہے۔ بالکل اسی طرح جو حضرات نئے شاعروں پر عصری مسائل سے چشم پوشی کا الزام لگاتے ہیں وہ دراصل عصری مسائل کو بہت محدود معنوں میں استعمال کرتے ہیں۔ نیا شاعر عصری مسائل کو کامیاب ترین انداز میں پیش کرتا ہے لیکن بالکل اس طرح نہیں جس طرح بعض لوگ چاہتے ہیں، نیا شاعر حقائق پر شکر کا غلاف چڑھانے کا عادی نہیں۔

دیکھئے ان اشعار میں نئے غزل نگاروں نے مختلف استعاروں اور علامتوں کے ذریعہ عصری

ندگی کے دکھوں اور غیر اطمینان بخش حالات کو کس خوبی سے پیش کیا ہے۔

اک عمر ہو چکی ہے کہ میں جاں کنی میں ہوں   عیسیٰ نے جاں دی نہ گزار سے صلیب پر (شہزاد احمد)

وقت کی ڈور خدا جانے کہاں سے ٹوٹے   کس گھڑی سر پہ لٹکتی ہوئی تلوار گرے

کیا جانئے منزل ہے کہاں جاتے ہیں کس سمت   بھٹکی ہوئی اس بھیڑ میں سب سوچ رہے ہیں

(شکیب جلالی)

لازم ہے اب تو سانس بھی لینا با احتیاط   گھل مل گیا ہے تازہ ہواؤں میں زہر بھی

(سیف زلفی)

یہ دھوپ تو ہر رخ سے پریشان کریگی   کیوں ڈھونڈ رہے ہو کسی دیوار کا سایہ

(اطہر نفیس)

ہر ایک موڑ مقتل ارمان و آرزو   پہلے تو تیری راہ گذر اس طرح نہ تھی (بشر نواز)

سورج کی تمازت سے پگھلتی ہیں زمینیں   برسات کا موسم ہے ہوا تک نہیں آتی (اقبال منہاس)

سینے میں جلن آنکھ میں طوفان سا کیوں ہے   اس شہر میں ہر شخص پریشان سا کیوں ہے

(شہریار)

ہر آدمی کو اپنے بکھرنے کا خوف ہے   خود کو سنبھالے بیٹھا ہے دستار کی طرح (حامد حسین حامد)

یوں چلی حالات کی آندھی قیامت آگئی   خشک پتوں کی طرح سب لوگ گھر میں بکھر گئے (افضل منہاس)

کس خول میں چھپائیں کثافت وجود کی   چہرے تو دل بھی جلتے ہیں حمدون قیمتاً (حمدون عثمانی)

مل گئے سارے عقائد خاک میں   پانیوں میں بہہ گیا سورج مرا (دکار باغی)

عقاید کے ملیا میٹ ہونے کا یہ احساس، اقدار کا یہ زوال، بنی نوع انسان کے دلوں میں ہمت کا یہ بجھتا ہوا الاؤ، یہ سب چیزیں ایسی ہی جنھوں نے فطری طور پہ نئے انسان کو اگر ایک طرف انتہائی خطرناک قسم کی تشکیک میں مبتلا کر دیا ہے تو دوسری طرف اس کے احساس و خیالات کا رخ اس کی اپنی اندرونی شخصیت کی طرف موڑ دیا ہے۔ روز ازل سے ہی یہی ہوتا آیا ہے کہ جب سکون و اطمینان کے سارے بیرونی چشمے خشک ہو جائیں تو ذہین اور حساس اشخاص اپنی ذات کے گہرے سمندروں میں اتر جاتے ہیں اور پھر جب ابھرتے ہیں تو قیمتی لعل و گہر کے خزانے

بھی اپنے ساتھ لاتے ہیں۔ نئے شاعروں کو بھی آج یہی سب کچھ کرنا پڑ رہا ہے اور چونکہ یہ کوئی معمولی کام نہیں ہے اس لئے نئے شاعروں کو فرد کی حیثیت سے اپنی اہمیت اور اپنی عظمت کا پورا پورا احساس ہے۔ ان میں بجا طور پر ایک پیمبرانہ بے نیازی سی آگئی ہے۔ انسان کو اپنی عظمت کا ایسا احساس شاید ہی کبھی ہوا ہو۔

مجھے خبر ہے کہ اک مشت خاک ہوں پھر بھی ۔۔۔ تو کیا سمجھ کے ہوا میں اڑا رہا ہے مجھے (ساقی فاروقی)

مجھے دشمن سے اپنے عشق سا ہے ۔۔۔ میں تنہا آدمی کی دوستی ہوں (باقر مہدی)

مجھے گرنا ہے تو میں اپنے ہی قدموں میں گروں ۔۔۔ جس طرح سایۂ دیوار پہ دیوار گرے (شکیب جلالی)

یارو میں اس نظر کی بلندی کو کیا کروں ۔۔۔ سایہ بھی اپنا دیکھتا ہوں آسمان پر (شکیب جلالی)

میں تو خدا کے ساتھ وفادار بھی رہا ۔۔۔ یہ ذات کا طلسم مگر ٹوٹتا نہیں (ساقی فاروقی)

یہاں میں یہ بات صاف کرتا چلوں کہ ذات کے گہرے سمندروں میں غوطہ زنی اور تنہائی کے اس بھیانک احساس نے شاعر کو دنیا و مافیہا سے بے خبر اور موت کا متلاشی قطعاً نہیں بنایا، اگرچہ کہ بعض حضرات یہی ثابت کرنے میں رات دن ایک کئے ہوئے ہیں۔ جیسا کہ اوپر عرض کر چکا ہوں نئی غزل کا مزاج، متضاد اور متوازی عناصر کے امتزاج سے تشکیل پاتا ہے نئی غزل کے شاعر اگر ایک طرف موجودہ حالات سے مایوس ہیں اور دنیا انھیں تاریکیوں کی گود میں جاتی ہوئی دکھائی دیتی ہے تو دوسری طرف "انھیں حسن سے بھی لگاؤ ہے انھیں زندگی بھی عزیز ہے"۔ چونکہ حسن و عشق ہر زمانے کی غزل کا تقریباً مرکزی کردار رہے ہیں اس لئے بہتر ہوگا اگر اس سلسلہ میں بھی کچھ باتیں کر لی جائیں۔ نئی غزل میں ان گنت ایسے اشعار مل جائیں گے جن کا براہ راست تعلق معاملات حسن و عشق سے ہے۔ مجھے یہ کہنے میں کوئی عار نہیں کہ اس تعلق سے نئی غزل کا مزاج، پچھلے دور کی غزل کے مزاج اور اس سے پچھلے دور کی غزل کے مزاج سے سو فیصدی سے بھی زیادہ مختلف ہے۔ غزل کے نئے شاعروں نے غزل کے جسم سے روایتی تغزل کے بوسیدہ لباس کو اتار پھینکا ہے۔ نئی غزل کا محبوب نہ تو مغبچہ ہے نہ ہی طوائف اور نہ ہی وہ کسی ایسے ظالم باپ کی بیٹی ہے جسے حاصل کرنے کے لئے پہلے سماج میں انقلاب لانے کی ضرورت پڑے۔ نئی غزل کا محبوب بلکہ محبوبائیں نئے نئے زمانے کی لڑکیاں ہیں جن کی محبت کی ایک جنسی سطح ہونے کے ساتھ ساتھ ایک ذہنی سطح بھی ہے۔ اسی طرح نئی غزل

کا عاشق روایتی غزل کے عاشق سے بہت مختلف ہے۔ وہ نہ تو رات والی نالہ و فریاد کر کے ہم سایوں کی نیند حرام کرتا ہے اور نہ ہی محبوب سے ملنے کے لئے کوچۂ رقیب میں سر کے بل جاتا ہے۔ دراصل اس کا کوئی رقیب ہی نہیں کیونکہ آدم کی اولاد پر تو وہ وقت پڑا ہے جب ہر آدمی آپ اپنا رقیب بن گیا ہے۔ نئی غزل میں محبت اور معاملات محبت نفسیاتی اور جسمانی واردات ہیں۔ یہاں شدت جذبات سے جسم پگھل بھی سکتے ہیں اور حالات کی برف پگھلتے ہوئے جسم کو منجمد بھی کر سکتی ہے یہاں یادیں بھی ہیں اور باتیں بھی، وصال بھی ہے اور ہجر بھی، لیکن سب کچھ وہی ہے جسے نئے شاعروں نے خود محسوس کیا ہے۔ جسے انفرادی طور پر ہر شخص نے اپنے ڈھنگ سے برتا ہے اور اسی لئے ان عشقیہ اشعار میں ندرت بھی ہے اور متاثر کرنے کی صلاحیت بھی۔

یہ کیا طلسم ہے جو رات بھر سسکتا ہوں   یہ کون ہے جو دیوں میں جلا رہا ہے مجھے   (ساقی فاروقی)

بوسوں کے پھول لمس کی خوشبو روش روش   سبزہ تمام شام ملاقات ہی میں تھا   (باقر مہدی)

رہتا تھا سامنے ترا چہرہ کھلا ہوا   پڑھتا تھا میں کتاب یہی ہر کلاس میں   (شکیب جلالی)

کس کس سے بتائینگے جدائی کا سبب ہم   تو مجھ سے خفا ہے تو زمانے کیلئے آ   (احمد فراز)

کس طرح کناروں کو ہے سینے سے لگائے   بہتے ہوئے پانی کی ادا تم بھی تو دیکھو   (بشر نواز)

وہ آگ ہے کہ برق، ہیولیٰ کہ آدمی   اب کے ملے تو ہاتھ لگا کر بھی دیکھیے   (شہزاد احمد)

دیکھا تھا ظفر جس کو ابھی شہر کے بیچ   روشن ہے وہی شمع کتابوں کی دکان میں   (ظفر اقبال)

ان وضع داریوں کا نہ اتنا خیال رکھ   وعدہ عذاب بننے لگے تو مکر بھی جا   (جاوید شاہین)

وہ کون تھا جو دن کے اجالے میں کھو گیا   یہ چاند کس کو ڈھونڈنے نکلا ہے شام سے   (عادل منصوری)

میں بھی صحرا ہوں مجھے سنگ سمجھنے والو   اپنی آواز سے کہتے چلو سیراب مجھے   (شہاب جعفری)

دونوں کے دل میں خوف تھا میدان جنگ کا   دونوں کا خوف فاصلہ تھا درمیان کا   (محمد علوی)

دل بھر آیا کاغذ خالی کی صورت دیکھ کر   جن کو لکھنا تھا وہ سب باتیں زبانی ہو گئیں   (احمد مشتاق)

مجھ بن نہ ہو سکیں کہیں پھیل تیری چاہتیں   کچے گھڑے پہ خود کو بہا کر بھی دیکھ لے   (ناصر شہزاد)

گلی گلی تری یادوں کی دھند پھیلی ہے   ترا وجود فضا میں بکھر گیا جیسے   (قمر اقبال)

ہاتھوں کو گر نہیں تو نگاہوں کو دیجئے   اس صاحب نصاب حسن سے کوئی زکات   (وہاب دانش)

ان اشعار کو سرسری طور پر بھی پڑھنے والا شخص، اس بات کا بخوبی اندازہ کر سکتا ہے کہ نئے غزل نگاروں نے اردو کی عشقیہ شاعری میں کتنی وسعت پیدا کردی ہے۔ صرف اتنا ہی نہیں بلکہ مزید یہ کہ نئے غزل نگاروں نے جب یہ محسوس کیا کہ عشقیہ، نیم عشقیہ اور غیر عشقیہ مضامین کو نظم کرنے میں وہ زبان ان کا ساتھ نہیں دے پا رہی ہے جو انھیں اپنے بزرگوں سے ورثہ میں ملی ہے تو ان شاعروں نے اپنی روایتی جرأت اور ذہانت سے کام لیتے ہوئے غزل کے ڈکشن اور ڈکشنری دونوں میں ایسے قابل قدر اضافے کئے، کہ غزل کے کئی اشعار نئے قارئین کے لئے بالکل انوکھے، اور انبساط آگیں تجربوں سے کم حیثیت نہیں رکھتے۔ زبان کے بنے بنائے فریم کو توڑنا نئی غزل کے لئے بیحد سازگار ثابت ہوا ہے۔ نئے شاعروں نے نئے الفاظ نئی ترکیبوں اور نئے شعری پیکروں کی مدد سے ان احساسات، تجربات اور کیفیات کو نظم کر دیا ہے، جن کا تصور تک پچھلی نسل نہیں کر سکتی تھی، اور قدما تو شاید ایسے مضامین پر خودکشی کو ترجیح دیتے۔

چاروں طرف سے برکھیں لگیں ہارن بج اٹھے   رستوں کے بیچ بیچ وہ لڑکی ٹھہر گئی   (عادل منصوری)

کل شب مری کی مال پہ لشاٹ سے پرے   بارش نے اس کا چاند سا پیکر بھگو دیا   (ناصر شہزاد)

یہ زعفرانی پل اوور اسی کا حصہ ہے   جو کوئی دوسرا پہنے تو دوسرا ہی لگے   (بشیر بدر)

جسم کی گھاٹیوں میں جل اٹھیں چنگاریاں   چست کپڑوں میں پھنسی تھیں کسمساتی خواہشیں   (پرکاش فکری)

رستہ میں وہ ملا تو میں بچ کر نکل گیا   اس کی پھٹی قمیص مرے ساتھ ہو گئی   (ندا فاضلی)

آیا تھا گھر سے ایک جھلک دیکھنے تری   میں کھو گے رہ گیا ترے بچوں کے شور میں   (ظفر اقبال)

ان کے جانے کی تاریخ   دنگل تھا جب گاؤں میں   (ندا فاضلی)

تنگ ہوئیں شلواریں جب سا اشک نئے بازار میں   صندوقوں میں چھپ کر بیٹھیں رنگ رنگیلی ساریاں
(بل کرشن اشک)

ان اشعار اور ان سے پہلے نقل کئے گئے دوسرے اشعار کو پڑھ کر یہ یقین ہو جاتا ہے کہ غزل کے نئے شاعروں نے ایک بار پھر ولی کے اس شعر:

راہ مضمون تازہ بند نہیں   تا قیامت کھلا ہے باب سخن

پر مہر تصدیق ثبت کردی ہے۔

مضمون ختم کرنے سے پہلے میں آپ کی توجہ ان چند اشعار کی طرف مبذول کرانا چاہوں گا۔

سخت بیوی کو شکایت ہے جہان نو سے
گاڑی چلتی نہیں گر جاتا ہے پہلے سگنل
سوچتن سے یہ مرض جاتا نہیں
شاعری اپنے لئے سوزاک ہے (سلیم احمد)

مچھلی باہر گری ہوتی تھی پانی کا مکان بے صدا تھی (ظفر اقبال)
تو کس کے کمرے میں تھی میں تیرے کمرے میں تھا (عادل منصوری)

یہ اور اسی قبیل کے ۷، ۸ اور ایسے اشعار ہیں جنہیں مستقل طور پر اور نہایت ہی دیدہ دلیری کے ساتھ نئی شاعری کے خلاف استعمال کیا جاتا رہا ہے۔ خصوصی طور پر سلیم احمد کی 'سگنل' اور 'موسل' والی غزل جس کا ایک شعر اوپر نقل کیا گیا ہے عرصے نشانۂ ملامت بنتی رہی ہے اس سے قطع نظر کہ سلیم احمد نئے شاعر ہیں یا نہیں مجھے کہنا یہ ہے کہ غیر معیاری اور خراب اشعار کی طرف اشارہ کرنے میں قطعاً کوئی قباحت نہیں لیکن صرف چند خراب اشعار کو بنیاد بنا کر پوری نئی شاعری کو رد کرنا کوئی اور فن تو ہو سکتا ہے تنقید نہیں۔ دلی کے لونڈوں کا تذکرہ، ضعف باہ کی شکایت اور اعضائے تناسل کے بیان سے میر کی عظمت پر کوئی حرف نہیں آتا، اسی طرح

"رکھتا ہے ضد سے کھینچ کے باہر لگن کے پاؤں"

یا

"ہے جو صاحب کے کف دست پہ یہ چکنی ڈلی"

کو سامنے رکھ کر ہم غالب کی قسمت کا فیصلہ نہیں کر سکتے اور نہ ہی "گرو بڑ غزل" فراق کی عظمت کو داغ دار بنا سکتی، جس طرح ثقہ سے ثقہ آدمی بھی اپنے بے تکلف دوستوں کے بیچ تھوڑی بہت گالیاں بک لیتا ہے، اس طرح ہر شاعر خواہ چھوٹا ہو یا بڑا کبھی Relax کرنے

کے لئے اور کبھی یوں ہی تفریحاً اس قسم کے اشعار بھی کہہ لیتا ہے تا وقتیکہ شاعر کو یہ احساس نہ ہو کہ اس کے سر پر جبر کی تلوار لٹک رہی ہے اور ذرا سی لغزش بھی اسے سرکاری پاگل خانہ پہنچوا سکتی ہے کسی بھی شاعر کا تنقیدی محاسبہ کرتے وقت ہمیں اس کی پوری شاعری کو سامنے رکھنا اور اس کی شاعری کے غالب رجحان کو پرکھنا پڑتا ہے نہ کہ اس قسم کے پھٹکر اشعار کو۔ مگر بدقسمتی سے ہمارے سینیئر نقاد نئے شاعروں کے معاملے میں تمام تنقیدی اصول بھول جاتے ہیں اور اپنے مقصد کے لئے کہیں سے ایک آدھ لفظ، کہیں سے ایک آدھ مصرع اور کہیں سے دو ایک شعر اڑا کر انھیں غلط سیاق و سباق میں پیش کرتے ہیں، یہ اشعار نئی غزل کا مزاج نہ کبھی تھے نہ بن سکیں گے، نئی غزل کو سمجھنے کے لئے جن اشعار کو پڑھنے کی ضرورت ہے انھیں اچھی خاصی تعداد میں نقل کر چکا ہوں۔ نئی غزل کا مزاج تو وہی ہے جس کا ذکر اوپر کر چکا ہوں، یعنی جرأت، بے باکی صداقت اور بے تکلفی۔